矿产资源开发与管理

MINERAL RESOURCES EXPLOITATION AND MANAGEMENT

刘登娟　黄寰◎著

经济管理出版社
ECONOMY & MANAGEMENT PUBLISHING HOUSE

　　本书立足我国矿产资源家底，客观评价矿产资源开发特征，系统介绍矿产资源管理理论与实务，提供了大量案例和思考练习题。本书可作为管理类、经济类、地质类专业的教学和科研用书，也可作为大专院校与科研院所专业人员、矿业企业管理人员、政府工作人员的学习、研究和工作参考书。

　　本书的出版得到成都理工大学国家级一流本科专业建设点工商管理专业、成都理工大学管理科学学院学科建设"揭榜挂帅"项目、成都理工大学 2023 年度哲学社会科学研究基金项目"大型中央企业打造原创技术策源地模式研究"（YJ2023-PY006）、四川矿产资源研究中心项目"四川省矿业高质量发展政策文本研究"（SCKCZY2022—YB016）、四川高校社科重点研究基地成渝地区双城经济圈科技创新与新经济研究中心项目（CYCX2022YB03）、四川循环经济研究中心课题（XHJJ-2210）、气象灾害预测预警与应急管理研究中心项目"成渝地区双城经济圈碳交易政策效果评价及政策优化研究"（ZHYJ-YB01）的经费支持。由衷感谢成都理工大学硕士研究生廖霞、李莉、刘瞻、王子鑫、胡峻华，成都理工大学工商管理专业本科生张祎婧、何晓莉、杨茗惠、熊子煜、母昌程、刘良伟参与本书的资料整理与初稿撰写。最后，还要感谢经济管理出版社赵亚荣编辑为本书出版提供的支持和帮助。

　　由于时间和水平有限，书中难免有疏漏，恳请读者和同仁批评和指正。

目录
CONTENTS

第一章

绪论

第一节　自然资源

一、资源的定义

《辞海》将资源定义为资财的来源，并特指天然的财源。马克思在《资本论》中指出，创造社会财富的源泉是自然资源和劳动力资源。恩格斯在《自然辩证法》中提出："劳动和自然界一起才是一切财富的源泉，自然界为劳动提供材料，劳动把材料变为财富。"[①]资源包括自然资源和劳动资源两个基本要素，自然资源与劳动资源相结合才能成为财富的源泉。

资源对经济发展与社会繁荣的意义是不言而喻的。资源本身就是一个庞大的复杂系统。资源是指一国或一定地区内拥有的物力、财力、人力等各种物质要素的总称。凡是能对人类社会发展产生影响和做出贡献的要素均可称为资源。[②]

二、自然资源的定义

自然资源是指人类可以利用的自然生产的物质和条件，是人类生存和发展的物质基础、生产资料和劳动对象。

---

① 孙鸿烈，封志明．资源科学研究的现在与未来[J]．资源科学，1998（1）：1-12.
② 刘军民．中国文物大遗址保护利用与区域经济发展研究[D]．西安：西北大学，2006.

自然资源有五个共性特征：①可用性，即可被人类利用；②整体性，即各类资源之间不是孤立存在的，而是相互联系、相互制约的，以组成一个庞大复杂的资源系统；③有限性，即在一定条件下某一具体资源的数量都是有限的；④分布的时空性，土地、水、矿产、生物、气候资源在资源系统中都可以彼此独立存在，按一定规律分布；⑤差异性，如土地资源生产能力与位置的固定性，水资源的可循环性、可流动性，矿产资源的不可再生性，生物资源的可再生性，气候资源的季节性，自然资源之间的差异性是自然资源分类的主要依据。

三、自然资源分类

(一) 自然资源分类标准

国内外学者依据不同的标准对自然资源进行了分类，主要包括传统分类、学理分类、法理分类和管理分类，如表 1-1 所示。

表 1-1　国内外自然资源分类现状

序号	类型	来源	分类方案
1	传统分类	《大英百科全书》（Encyclopedia Britannica）	分为自然生成物和环境功能两类资源。自然生成物包括土地、水、大气、陆地与海洋等；环境功能则包括太阳能、生态系统的环境机能等
2		《中国资源科学百科全书》	分为陆地资源、海洋资源和太空（宇宙）资源。陆地资源包括土地、水、矿产、生物和气候资源，海洋资源分为海洋生物、海水（或海水化学）、海洋气候、海洋矿产和海底资源等
3		《中国自然资源手册》	按列举法分为土地、森林、草地、水、气候、矿产、海洋、能源和其他资源9类

续表

序号	类型	来源	分类方案
4	学理分类	《资源科学导论》	提出耗竭性—非耗竭性资源划分方法。耗竭性资源包括可更新资源(如土地资源、森林资源、作物资源等)与不可更新资源(如石油、煤炭等化石燃料)。非耗竭性资源划分为恒定资源、易误用和污染资源,如太阳能、潮汐能、原子能和风能是典型的非耗竭性—恒定自然资源;而大气、水能、水资源和自然风光则归为非耗竭性—易误用和污染自然资源
5		《自然资源简明词典》	分为可再生(可更新)资源和非再生(不可更新)资源。可更新资源是指理论上通过自身繁殖、复原,能被持续利用的资源,如土地资源、作物资源等;不可更新资源是指储量有限,在人类开发利用后,现阶段不可能再生而会被用尽的资源,如金属矿产、非金属矿产等矿产资源
6		《自然资源学原理》	将自然资源分为存量资源和流量资源。存量资源是指以一定的储量蕴藏在一些特定地方的资源,如矿产资源、石油等能源资源;流量资源在可用量上可以源源不断地得以补充,即对它们的现时利用并不妨碍将来利用,理论上是取之不尽、用之不竭的
7	法理分类	《中华人民共和国宪法》	矿藏、水流、森林、山岭、草原、荒地、滩涂7类
8		《中华人民共和国民法典》	矿藏、水流、森林、山岭、草原、荒地、滩涂、海域、无线电频谱、野生动植物10类
9		《俄罗斯联邦宪法》	土地、森林、矿藏、水资源和自然保护区以及历史文化古迹等
10		《美国联邦法典》	土地、鱼、野生生物、生物群、空气、水、地下水、饮用水供应及其他资源

序号	类型	来源	分类方案
11	管理分类	中国	自然资源部管理土地、矿产、森林、草原、水、湿地、海域海岛和阳光、空气、风等其他自然资源，农业农村部管理水生野生动植物等农业资源，工业和信息化部管理无线电频谱资源，国家能源局管理能源资源，气象局管理气候资源，民用航空局管理空域资源等
12		美国	内政部管理土地、矿产、海上能源、海洋、国家公园、草原、湿地、极地苔藓、鱼类和野生动物等自然资源
13		俄罗斯	自然资源与生态部管理矿产、油气、水、森林、林用地、动物及其生存环境、水文气象等自然资源，能源部管理能源资源，农业部管理农用地、渔业、畜牧业等农业资源，经济发展部管理土地资源，建设与住房公共事务部管理建设用地
14		加拿大	自然资源部负责管理土地、能源、矿产、森林等自然资源，环境部管理水、空气、土壤等自然资源质量

资料来源：封志明，肖池伟．自然资源分类：从理论到实践，从学理到管理[J]．资源科学，2021，43（11）：13．

(二) 按照存在的形态分类

自然资源按存在的形态可划分为土地资源、气候资源、水资源、生物资源、矿产资源、能源资源、海洋资源、旅游资源等，如表 1-2 所示。

表 1-2　按照存在形态划分的自然资源类型

类型	含义	组成	功能
土地资源	地球陆地表面是由地貌、土壤、植被、岩石、水源等因素组成的一个独立的自然综合体	按地形分为山地、高原、丘陵、平原、盆地等；按利用类型分为耕地、林地、草地、宜垦荒地、宜林荒地、沼泽滩涂水域、工矿交通城镇用地、沙漠、永久积雪冰川等	为人类生活和生产活动提供空间场所和多种使用功能

续表

类型	含义	组成	功能
气候资源	地球大气圈中可以被开发利用的物质和能源	太阳辐射、热量、降水、空气及其运动等要素	太阳辐射为地球上一切生物代谢活动提供了能量，为大气环流和气候变化提供了动力；降水为生命活动和自然界水分循环提供了补给源
水资源	在目前技术和经济条件下可以为人类所用的淡水资源	大气水，河流水、湖泊和湿地水，地下水和冰川积雪融水	是地表一切生命的重要成分，是工农业生产的重要原料和传输介质
生物资源	生物圈的全部动物、植被和微生物	按生态外貌特征植物群落分为森林、草原、荒漠和沼泽等；动物类群分为哺乳类、鸟类、爬行类、两栖类和鱼类等	地球表面的生物多样性为生态系统平衡、稳定和动态发展奠定了基础
矿产资源	地质作用形成的，赋存于地壳内或地壳上的固态、液态或气态物质	按各原料物理性质和用途划分为黑色金属、有色金属、冶金辅助原料、燃料、化工原料、建筑材料、特种非金属、稀土稀有分散元素8类	是工业尤其是冶金业、化工、建筑等工业部门重要的原料
能源资源	能够提供某种形式能量的物质或物质的运动都可以称为能源	包括太阳辐射、地球热能、原子能、潮汐能和各类化石类矿物	为生产和生活提供能量
海洋资源	与海水有关的物质和能量	包括海洋生物资源，海底矿产资源（滨海砂矿、陆架油气和深海矿床等），海水化学资源，海洋动力资源（波浪、潮汐、温度差、密度差等蕴藏的巨大能量）等	为人类开发海洋提供原料、介质或活动场所
旅游资源	能够提供一般舒适性享受等环境服务，并可供旅游者游览、观赏、求知、度假、疗养、休闲、探险猎奇、考察研究的景观	主要包括舒适性环境（地理环境、自然景观和自然现象）以及各种自然旅游资源	为人们提供休息和旅游的物质和精神享受

资料来源：吴朋生. 资源丰裕度、地理特征与环境污染[D]. 南京：南京财经大学，2021.

(三)根据再生性质分类

自然资源包括耗竭性资源和可更新资源两大类。

耗竭性资源是指资源质量保持不变,而资源蕴藏量不再增加的资源。对于耗竭性资源来说,开采过程就是资源耗竭的过程。

可更新资源是指能够通过自然力量以一定的增长率保持存量或增加流量的自然资源,如太阳能、大气、水体、植物、动物、土壤等。

(四)其他分类

自然资源还可划分为有形自然资源(如土地、水体、动植物、矿产等)和无形自然资源(如光资源、热资源等)。按资源状况可划分为现实资源、潜在资源和废物资源。

案例1-1 水资源的重要作用

水,是滋润生命的源泉,也是支撑人类文明发展的基石。水资源的作用表现在以下五个方面:一是调节气候;二是塑造地表形态;三是物质运输;四是一切生物必不可少的物质;五是人类赖以生存和生产的最基本的物质基础。

然而,在全球范围内,许多地方正面临着严峻的水资源问题。联合国报告显示,超过20个国家的水资源已经枯竭,更多的地区则面临水资源匮乏和不断加剧的水质污染问题。让我们一起踏上今天的科普之旅,探索水资源的重要性、存在的问题以及应对措施。

资料来源:霞浦县人民政府网站,http://www.xiapu.gov.cn/hdjl/hdjlzsk/slj/202211/t20221121_1685837.htm。

问题1:如何管理和保护水资源?

问题2:什么是水循环?为什么它对地球上的生命至关重要?

第二节 矿产资源

一、矿产资源的定义

矿产资源是指由地质作用形成的，具有利用价值的，呈固态、液态或气态的自然资源。它是赋存于地表和地壳中的地球化学元素或化合物的集合体的总称。[①]

二、矿产资源的基本属性

（一）自然属性

1. 隐蔽性和不确定性

多数矿产资源隐伏于地下深处，控制成矿的地质条件极为复杂，其赋存的时间和空间、质量和数量都难以确定，往往需要通过各种专门的技术方法进行勘查、验证后才能发现和认知。

2. 耗竭性和不可再生性

矿产资源是一种典型的不可再生资源，而且即便是在一定的技术条件下这种资源也往往是有限的，最终会因不断开发而枯竭。

3. 地理分布的不均衡性

地壳运动的不均衡性和成矿地质作用的复杂性及特殊性，导致矿产资源在地壳中有局部集中的空间分布现象，集中分布少，分散分布多。[②] 矿产资源受地质规律控制，空间分布不均，任何一个国家都不可能完全"自给自足"，在全球范围内配置所需资源是各国无法回避的必然选择。

---

① 姚华军，付英，贺冰清，等. 矿产资源管理研究［M］. 北京：地质出版社，2015.
② 刘欣. 物权法背景下的矿业权法律制度探析［D］. 北京：中国人民大学，2008.

4. 多样性和复杂性

矿产资源种类繁多，不同成因的矿石其品位和内部构成也不相同，同一成因的矿产，其质量也会有很大差别，由此决定了矿产勘查和开采的技术难度和投资风险性。

5. 动态性和相对性

矿产资源是受地质作用形成而不断发展变化的，矿产资源开发受到技术和经济等条件制约。矿产资源可利用价值取决于人类对自然界的认识及开发利用的深度和广度，体现为矿产资源有限性与人类能力无限性的对立统一。此外，由于分布于地上、地表和地下，矿产资源和土地资源之间存在"你中有我、我中有你"的关系。

（二）经济属性

矿产资源的价值构成包含三个部分：一是矿产资源自身的价值；二是人类劳动投入所形成的价值；三是矿产资源因稀缺性而形成的价值。其中，自身的价值是定量，矿产资源因稀缺性而形成的价值则是变量。

（三）社会政治属性

矿产资源同国家主权和领土密切相关，因而矿产资源所有权成为一种具有主权特征的公权利。世界上绝大多数国家都通过立法确认矿产资源作为社会财富归国家所有或者归全民所有，我国宪法对此也有明确规定。

三、矿产资源的分类

根据划分标准的不同，矿产资源有多种分类。按照是不是能源矿产，矿产资源可分为能源矿产和非能源矿产资源两大类。按照生成赋存的领域不同，矿产资源可划分为陆地资源、海洋资源和外星资源三大类。按照属性的不同，矿产资源可分为四大类：

第一，能源矿产。煤、石油、油页岩、天然气、铀等。

第二，金属矿产。①黑色金属矿产：铁、锰、铬等；②有色金属矿产：铜、锌、铝、铅、镍、钨、铋、钼等；③稀有金属矿产：铌、钽等；④贵金属矿产：金、银、铂等。

第三，非金属矿产。①冶金辅助用料：溶剂用石灰岩、白云岩、硅石等；②化工原料：硫铁矿、自然硫、磷、钾盐等；③特种类：压电水晶、冰洲石、金刚石、光学萤石等；④建材及其他类：饰面用花岗岩、建筑用花岗岩、建筑石料用石灰岩、砖瓦用页岩、水泥配料用黏土等。

第四，水气矿产类。地下水、地下热水、二氧化碳气等。

我国矿产资源概况

第一节　我国矿产资源基本国情

一、我国战略性矿产资源概况

为保障国家经济安全、国防安全和战略性新兴产业发展，国务院在2016年11月批复通过《全国矿产资源规划（2016—2020年）》（以下简称《规划》），该《规划》将能源矿产石油、天然气、页岩气、煤炭、煤层气、铀；金属矿产铁、铬、铜、铝、金、镍、钨、锡、钼、锑、钴、锂、稀土、锆；非金属矿产磷、钾盐、晶质石墨、萤石24种矿产列入战略性矿产目录。[①]

（一）能源矿产资源基本特征

能源矿产资源又称燃料矿产、矿物能源。我国的煤炭、石油、天然气、页岩气四种主要能源矿产基本分布在四川、山西、甘肃、陕西、黑龙江、河北、新疆、内蒙古、贵州及重庆10个省份。其中，石油储量最多的是新疆，煤炭储量最多的是山西，天然气和页岩气储量最多的均为四川。2021年，在我国能源矿产储量中，煤炭2078.85亿吨，石油36.89亿吨，天然气63392.67亿立方米，煤层气3659.68亿立方米，页岩气5440.62亿立方米（见表2-1）。

---

① 郭佳，易继宁，王慧. 全球主要战略性矿产名录评价因素对比研究[J]. 现代矿业，2018，34(12)：1-5.

表 2-1　2021 年中国主要能源矿产资源储量

序号	矿产	单位	储量
1	煤炭	亿吨	2078.85
2	石油	亿吨	36.89
3	天然气	亿立方米	63392.67
4	煤层气	亿立方米	3659.68
5	页岩气	亿立方米	5440.62

资料来源：《中国矿产资源报告（2022）》。

1. 石油

我国石油资源集中分布在渤海湾、松辽、塔里木、鄂尔多斯、准噶尔、珠江口、柴达木和东海陆架八大盆地。《中国资产资源报告（2022）》显示，截至 2021 年底，我国已探明石油储量为 36.89 亿吨。我国是石油消费大国，石油消费量远大于我国原油产量，石油进口依赖性强。

2. 天然气

我国天然气资源集中分布在塔里木、四川、鄂尔多斯、东海陆架、柴达木、松辽、莺歌海、琼东南和渤海湾九大盆地，分布特点为西多东少、北多南少。其中，四川盆地是我国天然气生产的主力地区。我国是全球第六大天然气储量国，截至 2021 年底，我国已探明天然气储量为 63392.67 万亿立方米。我国气田以中小型气田为主，地质构造复杂，勘探开发难度大。近年来，我国天然气消费总量逐渐增长，对外依存度也逐年增大，已上涨至 40% 以上。

3. 页岩气

页岩气是一种非常规天然气资源。我国的页岩气勘探还处于起步阶段，页岩气发育区大致可以划分为南部区域、中东部区域、西北部区域和青藏区域，这些地区具有很大的勘探潜力。但目前我国页岩气勘探还存在工程技术不成熟、勘探开发成本高、经济效益低等问题。截至 2021 年底，我国已探明页岩气储量为 5440.62 亿立方米，随着开采技术不断突破，页岩气未来有望成为天然气的重要增产动力。

4. 煤炭

我国产煤地区主要是山西、内蒙古、陕西、新疆、贵州、安徽、山东、河南等省份。截至 2021 年底，我国煤炭储量为 2078.85 亿吨，居世界前列。煤炭是我国的主要能源，随着经济发展，我国煤炭的需求量也越来越大。但是受我国环保政策的影响，煤炭产能无法扩大，2021 年我国煤炭进口量为 3.23 亿吨，位居全球第一。2010~2020 年，我国煤炭消费占能源消费总量比重由 69.2% 降至 56.8%，煤炭消费比重不断降低。

5. 煤层气

煤层气也是一种非常规天然气资源。我国煤层气的储量分布相对集中，主要分布在华北和西北地区。2021 年，我国煤层气探明储量为 3659.68 亿立方米。2015~2021 年，我国煤层气产量整体呈上升趋势，2021 年我国煤层气产量达到 104.7 亿立方米。

6. 铀

我国铀矿主要分布在江西、广东、湖南、广西、新疆、辽宁、云南、河北、内蒙古、浙江、甘肃等省份。《中国核能发展报告（2021）》显示，截至 2020 年底，中国已探明铀矿资源储量为 194.5 万吨，其中可采部分为 87.9 万吨，占全球已探明可采铀矿资源储量的 4.2%，铀可以作为核反应的燃料，我国对铀的需求大，对外依存度高，常年维持在 70% 以上。

（二）金属矿产资源基本特征

金属矿产资源是指经冶炼可以从中提取金属元素或化合物的矿物资源。中国金属矿产资源品种齐全、储量丰富、分布广泛。主要金属矿产中，铁矿储量最多的是四川，铅矿储量最多的是内蒙古，锌矿储量最多的是云南，铜矿储量最多的是西藏，锰矿和铝土矿储量最多的是广西，钨矿储量最多的是江西，镍矿储量最多的是甘肃。2021 年中国主要金属矿产储量如表 2-2 所示。

表 2-2　2021 年中国主要金属矿产资源储量

序号	矿产	单位	储量
1	铁矿	矿石亿吨	161.24
2	锰矿	矿石万吨	28168.78
3	铬铁矿	矿石万吨	308.63

序号	矿产	单位	储量
4	钒矿	V_2O_5 万吨	786.74
5	钛矿	TiO_2 万吨	22383.35
6	铜矿	金属万吨	3494.79
7	铅矿	金属万吨	2040.81
8	锌矿	金属万吨	4422.90
9	铝土矿	矿石万吨	71113.74
10	镍矿	金属万吨	422.04
11	钴矿	金属万吨	13.86
12	钨矿	WO_3 万吨	295.16
13	锡矿	金属万吨	113.07
14	钼矿	金属万吨	584.89
15	锑矿	金属万吨	64.07
16	金矿	金属吨	2964.37
17	银矿	金属吨	71783.66
18	铂族金矿	金属吨	87.69
19	锶矿	天青石万吨	2463.98
20	锂矿	氧化物万吨	404.68

资料来源：《中国矿产资源报告（2022）》。

1. 铁

我国铁矿集中分布在辽宁、四川、河北等29个省份。我国铁矿资源具有以下两个特点：一是贫矿多，贫矿资源储量占总量的80%；二是多元素共生的复合矿石较多。我国是全球最大的铁矿石进口国和消费国。2019年，我国铁矿资源储量为857.5亿吨，居全球第四位。2019年我国铁矿石进口量为10.7亿吨，对外依存度在80%以上。

2. 铬

我国铬分布于西藏、新疆、内蒙古、甘肃等13个省份，其中西藏为最主要的分布区，保有储量约占全国的一半。我国铬矿床是典型的与超基性岩有关的岩浆型矿床，绝大多数属蛇绿岩型，矿床赋存于蛇绿岩带中。如果从相对存储量、对外依存度角度考虑，我国的铬元素十分稀缺。截至2020年末，我国铬储量约为276.97万吨，极为短缺。交通不便、资源开发条件不佳加上我国铬铁矿品位低和开发成本很高等原因，使我国成为全球最大的铬矿进口国，对外依存度长期在90%以上。

3. 铜

我国铜资源主要分布在西北、西南及华南等地区，其中，西藏、江西和云南三个省份的储量合计占全国总储量的比例超过50%。西藏铜资源最为丰富，但开发条件艰苦、交通不便和基础设施落后，制约了其开发。2021年我国铜矿储量约为2600万吨，占全球铜矿储量的2.95%，居全球第九位。我国铜消费量占全球铜消费量的一半多，对外依存度在70%以上。

4. 铝

我国铝资源集中分布在山西、贵州、广西和河南四个省份。2021年我国铝土矿储备仅占全球储量的3.13%，但其年产量却排名全球第三。我国铝土矿资源储量少，国内供给长期难以满足旺盛的需求，近年来受环保政策等因素影响，我国铝土矿进口量的增速明显，对外依存度达60%。

5. 金

我国金资源区域分布不均衡，东部地区金矿床类型较多。砂金集中分布在中国东北边缘。中国三大深大断裂系统控制了岩金矿床的总体分布格局，长江中下游有色金属密集区是伴生（共）金矿的主要产地。截至2019年底，我国探明黄金资源储量为14131.06吨，同比增长了3.61%。

6. 镍

我国主要以硫化物型镍矿为主。就大区来看，中国镍矿主要分布在西北、西南和东北等地。截至2021年末，我国镍矿金属可采储量为280万吨，占比约为全球的3%。我国是全球最大的镍进口国家，随着经济社会发展，我国对镍的需求量将会持续增大。

7. 钨

中国是产钨大国，美国地质勘探局（USGS）估计，2007年世界钨矿产量，中国生产了77000吨，占世界总产量的86%。截至1996年底，钨矿保有储量为529.08万吨，其中A+B+C级储量228.11万吨，占43.1%，为国外30个产钨国家总储量（130万吨）的3倍多，产量及出口量均居世界第一。中国的钨矿大体上分布于中国南岭山地两侧的广东东部沿海一带，江西南部最多，储量约占全世界的 1/2 以上。此外，江西的大余，湖南的汝城、资兴、茶陵等地，以及广西和云南等省也都有钨矿分布。

8. 锡

中国是世界上锡矿资源最为丰盛的国家之一。截至 2022 年末，全球锡资源储量约为 460 万吨。全球锡矿储量集中度较高，印度尼西亚锡矿储量居全球第一，锡矿储量达 80 万吨，占全球储量约 17.3%。我国锡资源量相对较丰富，锡资源储量约为 72 万吨，占全球储量约 15.6%，仅次于印度尼西亚，排名全球第二。我国锡资源主要分布在云南、广西、湖南、内蒙古、广东和江西等省份。在锡矿山资源逐渐减少、环保措施趋严的背景下，我国锡矿产量呈下降趋势。

9. 钼

我国是世界上钼矿资源最丰富的国家。就大区来看，我国钼矿分布在中南地区的钼储量占全国钼储量的 35.7%，居首位。我国钼矿的一个重要特征就是大型矿床多，陕西金堆城、河南栾川、辽宁杨家杖子、吉林大黑山钼矿均属世界级规模的大矿。中国是全球钼资源储量最丰富的国家，截至 2022 年，中国钼矿资源储量为 370 万吨，占全球钼储量的 30.83%。2018~2020 年国内市场需求保持较为明显的增长趋势，但 2021 年我国钼精矿表观需求有所下降，约为 25.8 万吨，同比下降 16.6%。2021 年我国钼矿砂及其精矿进口金额为 60488.185 万美元，同比下降 28.5%；钼矿砂及其精矿出口金额为 33423 万美元。

10. 锑

我国是世界上锑资源储量最多的国家。据统计，2021 年中国锑矿储量共计 48 万吨，占全球锑矿总储量的 24.0%，全球排名第一。我国已探明的锑矿有 171 处，锑资源储量最大的省份是湖南。我国锑资源储量丰富，矿床多、规模大，成矿环境优越，分布高度集中，工业类型的储量构成以单锑硫化物矿床为主。我国锑矿的产量居全球首位，多年来大量进出口，对全球锑生产和贸易起着至关重要的作用，2021 年我国锑矿砂及其精矿进口数量为 33905.3 吨，出口数量为 548.0 吨。

11. 钴

我国钴资源较为缺乏，主要分布在甘肃、山东、云南、青海、山西等省份。数据显示，2022 年，我国精炼钴(包括电解钴、钴粉、钴盐等，折金属量)产量达 12.8 万吨，占全球精炼钴总产量的比重为 76%。供需失衡导致对外依存度居高不下，钴原材料对外依赖程度高。2019 年，我国钴原料进口数量达 12.4 万吨，其中钴矿进口量 1.05 万吨，湿法冶炼中间品进口约 11.38 万吨，钴资源对外依存度在 97%以上。

12. 锂

我国约 80%以上的锂资源赋存于盐湖中，主要分布在青海、西藏等省份，而矿石锂资源主要集中于四川、江西、湖南、新疆四个省份，它们的矿石锂资源储量占全国矿石锂资源储量的 98%以上。其中，四川锂矿尤为丰富，约占全国锂矿储量的 50%以上，主要集中在甘孜州的甲基卡和阿坝州的可尔因两大矿田。四川锂矿资源储量大，且资源禀赋好，平均品位为 1.30%~1.42%。但是，四川锂矿整体开发程度并不高，勘探比例仅为 4%，开发程度低，后续发展空间极大。截至 2019 年底，中国的锂矿储量为 1.7 亿吨。我国是碳酸锂生产大国，国内碳酸锂产量平稳增长，从 2016 年的年产 7.8 万吨增长至 2022 年的 35 万吨。我国碳酸锂生产区域与企业分布相对集中，产业集中度较高。

13. 稀土

我国是世界稀土资源储量大国，全国 98%的稀土资源分布在内蒙古、江西、广东、四川、山东等地区，形成北、南、东、西的分布格局，并具有北轻南重的分布特点。中国是全球稀土储量最高的国家，同时也是全球最大的稀土生产国，截至 2021 年，储量达 4400 万吨，2021 年产量达 16.8 万吨。2016 年，中国宣布将通过建立稀土的商业和国家储备来提高国内的储量。过去 10 年，中国还大力整顿稀土行业，关停非法或环保不合规的稀土矿。2021 年，我国稀土产品出口 4.89 万吨，同比增加 38%，出口额 6.09 亿美元，同比增加 77.12%；进口数量为 4.57 万吨，进口额为 9.53 亿美元，进口数量同比下降 4.05%，进口额同比增长 89.39%。

14. 锆

我国锆矿资源主要分布在内蒙古、四川、山东等省份。加工主要集中在广东和江苏两省。中国锆矿产量基本稳定，2008 年我国生产出 16 万吨锆矿砂，以硅酸锆为主要原料的建筑用陶瓷用量大增。受 2008 年国际金融危机的影响，2009 年我国锆矿产量下滑至 13 万吨。此后锆矿产量增长趋于稳定，2017 年我国已经稳居世界第三大锆生产国。中国经济发展对锆资源的需求增大，我国既是锆资源消费大国，也是锆资源进口大国。国内经济的强劲发展使中国在未来十几年内对锆资源有着极大的需求。但中国的锆资源储量和产量相对短缺，国内锆英砂尤其是锆精矿的保障程度明显不足，需要大量依赖进口，对外依存度在85%以上。

（三）非金属矿产资源基本特征

非金属矿产资源是指除燃料矿产、金属矿产外，在当前技术经济条件下，可供工业提取非金属化学元素、化合物或可直接利用的矿物资源。主要非金属矿产中，磷矿储量最多的是湖北，萤石储量最多的是江西，晶质石墨储量最多的是黑龙江，硼矿储量最多的是辽宁，钾盐储量最多的是青海。2021年中国主要非金属矿产资源储量如表2-3所示。

表2-3　2021年中国主要非金属矿产资源储量

序号	矿产	单位	储量
1	菱镁矿	矿石万吨	57991.13
2	萤石	矿物万吨	6725.13
3	耐火黏土	矿石万吨	28489.19
4	硫铁矿	矿石万吨	28489.19
5	磷矿	矿石亿吨	37.55
6	钾盐	KCl万吨	28424.65
7	硼矿	B_2O_3万吨	1119.29
8	钠盐	NaCl亿吨	206.28
9	芒硝	Na_2SO_4亿吨	377.96
10	重晶石	矿石万吨	9154.87
11	水泥用灰岩	矿石亿吨	421.06
12	玻璃硅质原料	矿石亿吨	16.46
13	石膏	矿石亿吨	21.25
14	高岭土	矿石万吨	75239.66
15	膨润土	矿石万吨	33271.85
16	硅藻土	矿石万吨	17062.22
17	饰面花岗岩	亿立方米	16.95
18	饰面大理岩	亿立方米	5.30
19	金刚石	矿物千克	183.19

续表

序号	矿产	单位	储量
20	晶质石墨	矿物万吨	7826.33
21	石棉	矿物万吨	1789.68
22	滑石	矿石万吨	7175.29
23	硅灰石	矿石万吨	6439.44

资料来源：《中国矿产资源报告（2022）》。

1. 磷

中国磷矿主要分布在云南滇池、贵州开阳等 8 个区域。我国磷矿资源储量丰富，但高品位磷矿储量低，开采难度大。2019 年，我国磷矿已查明资源储量矿石量 176 亿吨，折算成标准矿 105 亿吨。我国磷矿储量居世界第二位。我国是世界磷矿石产量最大的国家，磷矿石常年保持净出口态势。2021年，我国磷矿石进口数量为 6.5 万吨，同比增加约 61.7%；磷矿石出口量约为 38.13 万吨，同比减少 11%。

2. 钾盐

我国已探明储量的钾盐矿区主要分布在青海、云南、山东等省份。我国的钾盐资源以液体钾资源为主。截至 2020 年底，我国钾盐储量为 3.5 亿吨，占世界钾盐储量的 9%，排名第四。我国已查明钾盐资源储量不大，尚难满足农业对钾肥的需求。因此，钾盐矿被国家列为急缺矿种之一，进口数量较大。近年来，我国每年的钾盐进口量均在 700 万吨以上，对外依存度保持在 50% 以上。

3. 晶质石墨

我国晶质石墨资源主要分布在黑龙江、内蒙古、四川、山西和山东，其储量合计约占全国总储量的 89%。黑龙江省石墨分布广泛，以鹤岗、鸡西为主，其东部地区为全国晶质石墨最大蕴藏区。截至 2019 年，我国晶质石墨资源储量约为 5.3 亿吨。2019 年，我国晶质石墨进口数量为 19.3 万吨，晶质石墨成为我国最主要的石墨进口产品，而出口数量下降至 11.44 万吨，我国首次成为晶质石墨的净进口国。预计未来几年我国晶质石墨的总体进口量仍将保持在高位，出口量将逐渐下降。

4. 萤石

我国是萤石消费和生产大国。我国的萤石矿床分布广泛，主要分布于浙江、湖南、江西等地。2019 年，中国萤石查明资源储量为 2.4 亿吨。我国萤石产量多年维持在 350 万~450 万吨，2020 年中国萤石产量为 430 万吨，占全球萤石总产量的 56.6%。从市场供需整体来看，受优势资源减少、环保监管压力上升、开采成本增加及国家政策调整等因素影响，我国萤石产量无明显增长，但需求量则不断增长，使市场整体处于供不应求状态，从而导致国内萤石进口量大增。2016~2021 年，我国萤石进口数量从 9.87 万吨增长到 66.8 万吨，出口数量从 37.55 万吨下降到 20.94 万吨。

二、我国矿产资源总体特征

(一)矿产资源总量丰富，人均占有量少

我国是世界上矿产种类齐全、总量丰富的资源大国。资源总量约占世界资源总量的 1/5，仅次于美国和俄罗斯，居世界第三位，但人均资源占有量仅为世界平均水平的 58%，部分资源供需失衡。2020 年，我国矿产资源可供储量的保障程度铁矿石约为 35%、铜矿石约为 27%、铝土矿约为 27%，可采年限石灰石约为 30 年、磷矿石约为 20 年。

(二)贫矿多，富矿少

我国铁矿资源具有"贫、细、杂"的特点，铁矿平均品位为 32%，品位大于 48% 的富铁矿仅占我国查明铁矿资源储量的 1.9%[1]，只有 0.2% 的储量品位大于或等于世界公认富矿品位的 60%；铜矿平均品位仅为 0.87%，低于世界主要生产贸易大国的铜矿品位的 1/3。

(三)共伴生矿多，独立矿少

我国共生、伴生矿床多，单一矿床少。我国钒储量 92% 以上赋存于共生矿和伴生矿中，我国铜铅锌矿共伴生组分复杂，选矿难度较大。在有色金属矿山中，共伴生有用组分大都能得到不同程度的综合回收利用。

---

① 兰文达，朱丽娅，邹磊. 试论矿产资源综合利用与地质找矿 [J]. 世界有色金属，2017（22）：118，120.

（四）中小型矿床多，大型、特大型矿床少

以大宗矿产煤、铁、铜、铅、锌为例，煤矿储量规模大于5亿吨的矿床数量占煤矿总数的2.3%，其储量合计占总储量的49.67%；铁矿大型储量规模的矿床数量占铁矿总数的4.4%，其储量合计占总储量的71.17%[①]。

（五）部分战略性矿产资源对外依存度较高

我国油气、铁、铜、铝、镍等15种战略性矿产的资源储量占全球的比重均低于20%。其中，石油储量仅占全球总量的1.5%。从数量上来看，我国2/3以上的战略性矿产资源的储量在全球均处于劣势地位，约2/3的战略性矿产还需要进口，部分矿产资源的对外依存度超过70%。

第二节 我国矿产资源区情和省情

一、东部地区矿产资源概况

我国东部地区包括河北省、北京市、天津市、山东省、江苏省、上海市、浙江省、福建省、广东省、海南省、香港特别行政区、澳门特别行政区和台湾地区。东部地区地处我国主要大江大河的下游，地形以平原为主，平原与丘陵相间分布，交通发达，是我国经济发展和对外开放的前沿。东部地区经济社会发展整体水平相对较高，对矿产资源需求大，铁矿、金矿、金刚石、硼矿、滑石、石膏、菱镁矿、萤石、重晶石、高岭土等矿产资源丰富，但仍面临着矿产资源相对不足的问题，特别是煤炭、石油、天然气等能源资源相对短缺。我国领海及管辖海域蕴藏着丰富的石油、天然气和滨海砂矿，天然气水合物也显示出良好的资源前景。

---

① 兰文达，朱丽娅，邹磊. 试论矿产资源综合利用与地质找矿[J]. 世界有色金属，2017（22）：118，120.

1. 河北省

河北省地处我国华北地区，矿产资源丰富，在全国占有重要地位。截至 2020 年，已发现各类矿产 130 种，列入《2020 年河北省矿产资源储量表》的 73 种，矿产地 1530 处，能源矿产 167 处，金属矿产 891 处，非金属矿产 472 处。河北省是全国六大金矿集中分布区之一，煤炭、铁矿、金矿、钼矿、水泥用灰岩、冶金用白云岩、地热等资源储量丰富，列入《2020 年河北省矿产资源储量表》的矿产中资源储量排在全国前 5 位的有冶金用白云岩、铁矿等 37 种，排在 6~10 位的有钼矿、铝土矿、盐矿等 20 种。主要矿产分布相对集中，矿产资源主要分布在太行山和燕山山区，油气资源主要分布在平原区，煤炭主要分布在唐山、邯郸、邢台、张家口，铁矿主要分布在唐山、邯郸、邢台、承德，金、银等贵金属矿产主要分布在唐山、张家口、承德、石家庄，铅、锌、铜、钼等有色金属矿产主要分布在张家口、保定、承德，石灰岩、白云岩等建材类非金属矿产主要分布于浅山区，地热资源主要分布在河北平原中北部。

2. 北京市

北京市是我国的首都，位于华北东部，矿产资源开采历史悠久，资源较为丰富。已发现的矿种共 67 种，矿床、矿点产地 476 处，列入全国矿产资源储量表的矿种 44 种。固体矿产资源量多面广，深层地热资源潜力丰富，浅层地热储量大，矿泉水资源水质优良。但是矿产资源总量相对不足，矿山分布不均衡。

3. 天津市

天津市位于华北平原北部，地质构造复杂，主要矿产资源包括煤、石油、天然气、地热、水泥用灰岩、矿泉水等。截至 2020 年，共发现 35 种（亚矿种 45 种）矿产。天津市地热资源属于非火山沉积盆地中、低温热水型地热，主要分布在宝坻断层以南约 9638 平方千米的范围内。天津市具有能源矿产相对丰富，金属矿产零星分布，非金属矿产储量规模较小，地下水资源总量不足的特点。

4. 山东省

山东省位于黄河下游，毗邻黄渤海，地理位置优越，矿产资源丰富。山东省已经发现 150 多种矿产资源，探明储量的矿产 81 种。在探明储量的矿产中，能源矿产占突出地位，石油探明储量和煤炭探明储量分别居全国第二位和第十位。非金属矿产中以建材资源和化工原料资源地位突出，现已探明储量的建材资源达 25 种。在金属矿产中，金矿地位突出，探明储量居全国第二位。山东半岛地区矿产资源分布十分广泛，五大城市青岛、烟台、威海、潍坊、日照中均存有多种矿产资源。鲁中地区铁矿、铝土矿、耐火黏土、熔剂灰岩、水泥、石灰岩、陶瓷原料、自然硫、岩盐、煤炭等储量均较丰富，鲁南地区煤炭、石油、天然气、石灰石、石英岩、大理石、花岗岩的富集程度较高。

5. 江苏省

江苏省位于我国东部沿海，优势矿产特色明显。截至 2020 年，江苏已发现各类矿产 133 种，其中查明资源储量的有 69 种，大型矿床少，中小型矿床占江苏省矿床总量的 83%。水泥用灰岩、膨润土、岩盐、芒硝、凹凸棒石黏土、金红石、石膏、熔剂用蛇纹岩 8 种矿产是江苏的优势矿产。江苏矿产资源在分布上，地域性特征明显。苏北以煤、铁、钛（金红石）、磷及建筑材料矿产为主；苏中以石油、天然气、二氧化碳气及凹凸棒石黏土矿产为主；苏南则以冶金辅助原料及建筑用非金属材料、铁、铅锌银矿产为主。

6. 上海市

上海市位于我国的华东地区，由于受地质环境和成矿赋存条件的限制，矿产资源相当贫乏。目前共查明矿产资源 4 类 13 种，其中能源矿产 2 种：浅层天然气、地下水含水层储能（非传统矿产资源）；金属矿产 6 种：铜、银、锌、金、铁、镉（金山铜矿主、伴生矿）；非金属矿产 3 种：安山岩、石英砂、贝壳砂；水气矿产 2 种：地下水、矿泉水。矿产资源品种少、规模小，地下水资源比较丰富，但开发利用水平受地面沉降因素影响较大。矿泉水资源比较丰富，有比较好的开发前景。

7. 浙江省

浙江省位于长江三角洲地区，矿产资源种类较多，已发现矿产 113 种。浙江省非金属矿产资源储量比较丰富，主要有萤石、叶蜡石、明矾石、膨润土等，素有"十块石头三把土"之称，基本形成了六大砂石开发基地。叶蜡石、明矾石探明资源储量居全国之冠，萤石、伊利石居第二位，硅藻土名列第三，排名第五到第十的矿产资源为硅灰石、高岭土、珍珠岩、大理石、花岗岩、膨润土。

8. 福建省

福建省位于中国东南沿海，属于环太平洋成矿带中的重要成矿区，矿产资源比较丰富。已发现矿种 118 种，其中已探明储量 75 种，能源 3 种、金属34种、非金属36种，水气2种。主要矿产有铁、锰、铜、铅锌、金、银、无烟煤、石灰岩、石英砂、高岭土、饰面用花岗岩等。在福建已探明储量的矿产中，建材原料矿是最具特色的矿产，品种全、储量多、分布广。其中，标准砂仅平潭一地储量就达1500万吨；玻璃砂预测总储量有1.6亿吨，为全国之冠；叶胆石（寿山石）藏量居全国首位；高岭土藏量居全国第三位。

9. 广东省

广东省位于南岭以南，南海之滨，成矿条件优越，矿产资源种类基本齐全。截至2021年底，已发现矿产151种，其中查明资源储量的矿产105种，查明资源储量排国内前10名的矿种69种，主要有铌钽、锆、油页岩、高岭土、稀土、玻璃用砂、锡、银、硫铁矿、铅、锌、钨等。查明矿产资源储量居全国第一位的有高岭土、泥炭土、水泥用粗面岩、碲；第二位的有油页岩、重稀土、独居石、锗、铋、铊、锆、硒、冰洲石、饰面用大理岩、冶金用脉石英；第三位的有银、铅、镉、钛、玉石。广东省的矿产资源主要分布在南岭成矿带、武夷成矿带和粤西—桂东成矿带3条重点成矿带。

10. 海南省

海南省位于中国的最南端，是我国陆地面积最小而行政管辖海域面积最大的海洋大省。全省共发现矿产88种，经评价有工业储量的矿产70种。海南省已探明的矿物59种，其中有开采价值的36种，为金、银、铜、铁、铅、锡、铝、镍、锰、钛、锆英石、水晶石、大理石、石墨等。

11. 香港特别行政区

香港特别行政区位于中国南部、珠江口以东，矿产资源含量很少，有少量铁、铝、锌、钨、绿柱石、石墨等。新界沙田马鞍山铁矿是唯一较具规模的铁矿床；钨矿分布有多处，而以沙田针山的矿脉为主；铅和锌矿也曾在多个地方发现，如莲麻坑、观音山、梅窝等。此外，还有高岭土、长石、石英、建筑石料和石墨等非金属矿，但规模都不大，有些只做零星开采。

12. 澳门特别行政区

澳门特别行政区位于中国南部珠江口西侧，是中国内地与中国南海的水陆交汇处，毗邻广东省，澳门地壳基本稳定，构造活动不明显。澳门地区的脉岩类有伟晶岩、基性岩和石英脉等。澳门海域和海岸带地质资源丰富，主要包括约76千米的岸线资源、约55平方千米的海涂资源、独特的花岗岩地貌和海岸地质旅游资源，以及约7850万立方米远景资源量的海砂。

13. 台湾地区

台湾位于中国东南沿海的大陆架上，由台湾本岛、澎湖列岛和周围属岛组成，是我国的宝岛，蕴藏着丰富的矿藏资源。台湾现已探明的各种矿藏有 200 多种。绝大部分矿种皆蕴藏于台湾东部，其中特殊宝石矿物有闪玉、台湾蓝宝(玉髓)及黄碧玉(铁石英)等闻名海内外。台湾北端大屯山一带，还出产重要的化工原料——硫黄，这是我国天然硫黄储量较多的地方。

二、中部地区矿产资源概况

我国中部地区包括山西省、河南省、安徽省、湖北省、江西省和湖南省。中部地区的地形包括黄土高原、华北平原、长江中下游平原和江南丘陵，地势西高东低，平原面积较为广阔。近年来，中部地区的经济发展呈现快速增长的趋势。同时，中部地区是国内重要的交通枢纽，这也让其区域发展更具吸引力。中部地区富有大量的能源、金属和非金属矿产资源，煤、石油、天然气、铁矿、铜、铝土矿、铅、锌、镍、钨、金、银、硫铁矿、磷矿等矿产资源及其开发利用在全国矿业和区域经济发展中具有非常重要的地位。

1. 山西省

山西省位于中国华北地区，地层发育比较齐全。山西省矿产资源丰富，在全省查明资源储量的矿产中，具有资源优势并在经济社会发展中占有重要地位的矿产有煤、煤层气、铝土矿等 10 种。此外，锰、银、金等 10 种矿产也有着良好的勘查、开发潜力。山西大同是著名的煤都，已探明地质储量 312 亿吨，占山西省煤炭资源储量的 11%。"大同煤"以低灰、低硫、低磷、高发热量而著称于世，年产量近 1 亿吨，约占全国产量的 1/15，山西省的 1/4。大同也是非煤矿产工业基地，浑源盆地的膨润土，结晶度好、耐热性能强，属于优质钙基膨润土，在世界上占有一席之地；南郊区七峰山一带的石灰岩、白云岩不仅储量大、质量好、开采方便，还有多种用途。

2. 河南省

河南省位于华北平原南部的黄河中下游地区，矿产资源赋存相对丰富。河南是全国重要的矿产资源大省和矿业大省，截至 2023 年，发现矿产 144 种，探明资源储量的有 110 种，已开发利用的有 93 种，保有查明资源储量居全国第一位的有 12 种，居全国前三位的有 33 种，优势矿产主要为钼、金、铝、银四大金属矿产，天然碱、盐矿、耐火黏土、萤石、珍珠岩、水泥灰岩、石墨七大非金属矿产。

3. 安徽省

安徽省位于华东地区西北部，矿产资源丰富、矿种多，主要矿产分布呈"北煤、中铜铁、南钨"的格局，矿产资源勘查和开发利用程度较高。安徽省以煤、铁、铜、硫铁矿、水泥用灰岩和明矾石的探明储量居多，已形成淮北、皖北、淮南、新集、马钢、铜陵有色、海螺七大矿业集团和淮北、淮南、铜陵、马鞍山四个资源型城市的基本格局。

4. 湖北省

湖北省位于中国的中南部，地处长江中游。截至2020年，全省已发现150个矿种（不含亚种），其中已查明资源储量矿种91个。在查明资源储量的非油气类矿产中，钛矿（金红石）、磷矿、溴、碘、白云岩（建筑用白云岩）、石榴子石、泥灰岩、累托石黏土8种矿产的保有资源储量居全国之首。湖北省主要矿产资源的分布集中度较高，铁、铜、岩金、银、石墨、磷、硫等主要矿产80%以上的储量分布在大中型矿区（矿床）。

5. 江西省

江西省地处华南成矿区的中心地带，属环太平洋成矿带西缘的一个重要成矿省。区内成矿地质条件优越，矿产资源丰富。全省共发现各种有用矿产193种（含亚种），查明有资源储量的139种，查明资源储量居全国前十位的共有83种（铀和离子型稀土矿未列入储量排名表）。其中，矿产资源储量居全国首位的有钨、钽、铷、碲、化工用白云岩、滑石、陶瓷土、玻璃用脉石英、饰面用板岩、麦饭石10种；居第二位的有锂、铯、伴生硫、电气石、粉石英、保温材料用黏土6种；居第三位的有铜、铋、银、铍、普通萤石、冶金用砂岩、化肥用灰岩、叶蜡石、水泥配料用页岩、水泥用辉绿岩、海泡石黏土、饰面用辉石岩、饰面用大理岩、透闪石14种。上饶、临川、九江、鹰潭等地正致力于建设成为赣北铜业基地。

6. 湖南省

湖南省位于长江中游，省境绝大部分在洞庭湖以南，故称湖南。省内成矿地质条件优越，矿产资源丰富，优势矿产多且分布相对集中，是著名的"有色金属之乡"和"非金属矿之乡"。全省已发现矿种146种，探明资源储量矿种111种。其中钨、铋、细晶石等矿产的保有储量居全国首位。矿床分布呈明显的区域性和相对集中性。

三、西部地区矿产资源概况

中国西部地区包括重庆市、四川省、陕西省、云南省、贵州省、广西壮族自治区、甘肃省、青海省、宁夏回族自治区、西藏自治区、新疆维吾尔自治区、内蒙古自治区。西部地区矿产资源的比较优势突出，独具特色。西部地区拥有丰富的太阳能和风能资源。西部地区稀土、铝土、钾盐、镍、铜、铀、钍、煤炭、天然气等重要的地下矿产资源的储藏量都占到全国总储量的 70% 以上。西部地区矿产资源的远景储量很可观。

1. 四川省

四川省位于中国西南腹地，地处长江上游，北连陕西、甘肃、青海，南接云南、贵州，东邻重庆，西衔西藏。四川矿产资源丰富，已探明的地下矿藏 132 种，有 32 种矿产的保有储量居全国前五位。四川省矿产资源相对集中分布在攀西、川南、川西北三个地区。攀西地区的黑色和有色金属、稀土资源等优势突出；川南地区的煤、硫、磷、岩盐、天然气等非金属矿产蕴藏量大；川西北地区金、银、能源矿产特色明显。

2. 云南省

云南省位于中国西南边陲，是全国矿产资源大省之一，素有"有色金属王国"和"磷化工大省"之称。截至 2021 年底，云南省共发现各类矿产 157 种，约占全国已发现矿种的 90% 以上，其中 82 种矿产资源储量居全国前十位。云南省固体矿产保有资源储量居全国前 3 位的有 26 种，位居全国前三位的固体矿产有锡、钛铁砂矿、铟、镉、铊、铍、蓝石棉等，其中兰坪金顶铅锌矿储量位居全国第一、世界第二，位于兰坪县城西北 18 千米处。个旧锡矿是我国最大的锡矿山，也是超大型锡铜多金属矿。

3. 贵州省

贵州省位于中国西南部，是一个资源丰富、开发条件好、距沿海港口较近的内陆省份。贵州是中国的矿产资源大省之一，已发现的矿产有 110 种以上，有 42 种矿产的保有储量排名中国前十位。其中，煤、磷、汞等优势明显，在中国具有重要地位。贵州的煤炭储量丰富，主要分布在贵阳、遵义、毕节等地。铅锌矿集中分布在遵义市和毕节市一带，普安县的铅锌矿储量巨大。

4. 西藏自治区

西藏位于中国西南边陲，矿产资源丰富、矿种齐全、分布广泛，开发利用潜力巨大。累计发现矿产 100 余种，查明资源储量的矿产有 41 种，矿产地(矿床、矿点、矿化点)2000 余处。铜(钼)、锂等矿产储量位居世界前列，其中锂储量占世界总量的一半，分布在藏东、喜马拉雅、冈底斯、羌塘等成矿带。地热蕴藏量居全国首位，地热显示点有 600 多处，金、多金属、宝(玉)石等也很丰富。

5. 重庆市

重庆市位于中国西南部、长江上游地区，矿产资源主要涵盖黑色金属、有色金属、贵金属及其他非金属矿产等矿种。重庆市共发现并开采的矿产有 68 余种，约占世界已知矿种的 27%，探明储量的矿产有 54 种，主要有煤、天然气、锶、硫铁、岩盐、铝土、汞、锰、钡、大理石、石灰石、重晶石等。重庆是中国页岩气资源勘查先导区，原国土资源部评价显示，重庆页岩气可采资源潜力 2.05 万亿立方米。2013 年重庆发现亚洲最大锶矿床，预计资源量超过两千万吨，在产量上占有绝对的优势。

6. 陕西省

陕西省位于中国内陆腹地，黄河中游，地质成矿条件优越。全省已发现各类矿产 138 种(含亚矿种)，保有资源储量居全国前十位的矿产达 62 种，居前三位的有 21 种，居前五位的有 36 种。陕西省的盐矿、煤、石油等，不仅资源储量可观，而且品级、质量较好，在国内、省内市场具有明显的优势。盐矿查明储量 8828.7 亿吨，占全国总量的 66%，排全国第一；煤、石油、天然气保有储量均居全国第四位，分占全国总量的 11.6%、9.4%、14.6%，神府、榆神、榆横、渭北和彬长五个煤炭矿区，列为国家煤炭规划矿区，是全国重要的煤炭生产基地。

7. 甘肃省

甘肃省地质环境复杂，成矿条件优越，矿产资源相对丰富。截至 2020 年底，全省已发现各类矿产 119 种(含亚矿种 180 种)，其中已查明资源储量的有 77 种(含亚矿种 114 种)。列入《甘肃省矿产资源储量表》的固体矿产有 99 种。已查明资源储量居全国第一位的有镍、钴、铂、钯、锇、铱、铑、钌、硒、铸型用黏土、凹凸棒石黏土 11 种矿产。此外，铬、锌、钨、金、碲、普通萤石(矿石)、重晶石等 32 种矿产已查明资源储量居全国前五位。全省已查明地下水资源量 153.9 亿立方米/年，可开采水资源量 46.2 亿立方米/年。

8. 青海省

青海省位于我国西部青藏高原东北部区域，区内矿产资源丰富，尤其是金属矿产以及油气资源，成矿条件优越，有发育巨大的盐湖矿产。青海省共发现矿产种类 137 种。在已探明资源储量的矿种中，有 56 个矿种的储量居全国前十位，镁盐（氯化镁和硫酸镁）、钾盐、锂矿、锶矿、石棉矿、饰面用蛇纹岩、电石用灰岩、化肥用蛇纹岩、冶金用石英岩、玻璃用石英岩 11 种矿产的储量居全国第一位，有 25 种排在前三位。

9. 新疆维吾尔自治区

新疆维吾尔自治区位于中国的西北部，矿产种类全，储量大，开发前景广阔。新疆已发现各类矿产 120 余种，已探明储量矿产有 60 余种，矿产总数在全国各省份中名列前茅。储量在全国矿产资源储量统计表中居首位的有铍、白云母、钠硝石、陶瓷土、长石、蛭石；居第二位的有铝、自然硫、冶金用石英、化肥用蛇纹石、膨润土、水泥用大理石；居第三位的有镍、铸石用辉绿岩；居第四位的有煤、石油、菱镁矿、钾盐、石棉、水泥用页岩、水泥用泥岩；居第五位的有天然气、铯、玻璃用脉石英。①

10. 宁夏回族自治区

宁夏回族自治区位于中国的西北部，矿产资源种类不多，目前已探明储量的矿产有 34 种，具有煤炭资源与非金属矿产资源比较丰富、产地相对集中、开发强度不高、开发潜力大的特征。煤炭探明储量 300 多亿吨，储量居全国第六位，有贺兰山、固原、灵盐和香山 4 个含煤区，前三个含煤区有厚度大、层位稳定、煤质优良且储量丰富的特点，是宁夏煤炭资源的主要分布区，香山含煤区则稍次之。已查明矿产资源量位列全国前十的有八种，煤排在第六位，镁排在第三位，冶金用石英岩排在第五位，冶金用砂岩排在第八位，水泥配料用板岩排在第二位，砖瓦用黏土排在第六位，建筑用辉绿岩排在第四位，石膏排在第七位。

11. 内蒙古自治区

内蒙古自治区位于我国北部边疆，由东北向西南斜伸，呈狭长形，东西长约 2400 千米，南北最大跨度 1700 多千米，总面积 118.3 万平方千米，横跨东北、华北、西北地区，边境线 4200 多千米。内蒙古地域辽阔，成矿

---

① 杨志远. 西部区域物流与区域经济发展的相互关系研究[D]. 北京：北京交通大学，2012.

地质条件优越，矿产资源种类多、储量丰富，是矿产资源富集区。全区查明资源储量的矿产共 133 种（含亚种），中西部富集铜、铅、锌、铁、稀土等矿产；中南部地区富集金矿；东部富集银、铅锌、铜、锡、稀有金属元素矿产；能源矿产资源遍布 12 个盟市，但主要集中在鄂尔多斯盆地、二连盆地、海拉尔盆地。

12. 广西壮族自治区

广西壮族自治区地处中国地势第二台阶中的云贵高原东南边缘，西部唯一的沿海地区，是大西南最便捷的出海口。广西矿产资源种类多、储量大，尤以铝、锡等有色金属为最，是全国 10 个重点有色金属产区之一。截至 2023 年，广西已发现的矿产有 171 种（含亚矿种），已查明资源储量的有 122 种，其中 85 种资源储量居全国前十位、12 种（锆、钪、熔剂用灰岩、化肥用灰岩、压电水晶、建筑石料用灰岩、玻璃用白云岩、玻璃用砂、高岭土、水泥配料用黏土、水泥配料用泥岩、建筑用大理岩）资源量居全国第一位。

四、东北地区矿产资源概况

我国东北地区主要包括黑龙江省、吉林省和辽宁省。东北地区经济平稳发展，农业生产现代化水平提高，对全国粮食增产的贡献稳定，基础设施投资力度较大，对经济拉动作用明显。东北地区资源丰富，有煤矿、石油、金刚石、百金矿、森林、草原、淡水及海水鱼类。东北地区是我国矿产资源重要集中分布区，目前发现矿产 137 种，探明储量 98 种，其中 40 种矿产储量居全国前列。

1. 黑龙江省

黑龙江省位于中国东北部，是中国最北端及最东端的省级行政区。黑龙江省地域辽阔，矿产资源种类多、储量丰富，分布广泛又相对集中。截至 2020 年底，全省共发现各类矿产 136 种（含亚种），已开发利用的有 61 种。探明资源量的有 88 种，其中石油、天然气、钼矿、铜矿、石墨、高岭土、水泥用大理岩等矿产位居全国前十。

2. 吉林省

吉林省位于我国东北地区中部，全省矿产资源总量丰富，人均占有量不足。已查明资源储量矿产 115 种，资源储量居全国第 1 位的有 11 种，为油页岩、硅灰石、冰洲石、硅藻土、陶粒页岩、饰面用玄武岩、饰面用辉长岩、建筑用安山岩、浮石、火山渣、矿泉水，居全国第 2~5 位的矿种有银、伴生硫、隐晶质石墨等 27 种，居全国第 6~10 位的矿种有镍、金、硼、沸石、晶质石墨等 32 种。

3. 辽宁省

辽宁省位于我国东北地区南部，是我国矿产资源较富集的地区，也是开发利用矿产资源程度较高的省份。全省已发现矿产 120 种，查明资源储量的有 116 种。滑石、玉、硅灰石和锰矿等矿产的保有资源储量在全国名列前茅，菱镁矿和硼矿储量占全国储量的 80% 以上。石油、天然气主要分布在新民市和辽中区；煤主要分布在苏家屯区、沈北新区和康平县；铁主要分布在苏家屯区和浑南区；硅灰石等非金属矿主要分布在法库县；砖瓦用黏土等乙类矿主要分布在新民市、辽中区、康平县和法库县。

我国矿产资源开发现状

第一节　矿产资源开发内涵与外延

一、矿产资源开发内涵

矿产资源开发有狭义和广义之分。狭义的矿产资源开发是指把矿床(包括固体矿产和液体矿产)的矿石矿物开采出来,通过选、冶加工等一系列工序,将有用物质提炼或提纯成为一定形式产品的工艺过程[1],一般包括勘查、采矿、选矿、冶炼等工业生产过程[2]。广义的矿产资源开发还包括加工、利用和回收再利用环节。

(一)矿产资源勘查

矿产资源勘查是发现矿床并查明其中的矿体分布,矿产种类、质量、数量、开采利用条件、技术经济评价及应用前景等,满足国家建设或矿山企业需要的全部地质勘查工作。[3]

(二)矿产资源开采

矿产资源开采是固体金属与非金属矿床的开采,包括地表矿体露头及

---

① 刘昕. 金属矿山的安全与环境科技发展问题研究[J]. 世界有色金属, 2019(22): 219, 221.

② 黄有丽. 我国矿产资源开发法律制度与私法机制革新研究——评《矿产资源开发私法机制研究》[J]. 有色金属工程, 2021, 11(8): 149-150.

③ 原振雷, 邱斌, 宋文杰. 我国矿产资源勘查开发与循环经济——以河南省为例[J]. 资源与产业, 2009(3): 79-81.

浅部矿体的露天开采和盲矿、深部矿体的地下开采。

(三)矿产资源选冶

矿产资源选冶包括选矿、冶炼和冶金。选矿，是将有用矿物与脉石最大限度分开，从而获得高品位精矿的过程，是冶金工业必不可少的重要环节①。冶炼，是将矿石或金属熔化，有提纯的意思。冶金，是把矿石里面的金属和非金属，以最经济的冶炼方法独立提炼出来，如把矿石里面的铁变成金属铁，把矿石里面的铅变成金属铅。

二、矿产资源开发外延

(一)矿产资源加工利用

矿产资源加工利用是指用物理、化学的方法，对天然矿物资源(通常包括金属矿物、非金属矿物、煤炭等)进行加工(包括分离、富集、提纯、提取、深加工等)，从天然矿物中获取有用物质。

(二)矿产资源二次利用

矿产资源二次利用包括矿产资源的二次开发和再生利用。矿产资源二次开发是指随着技术经济条件的提高，对原来不能综合开采或采出后不能综合利用的矿石进行二次开发利用；矿产资源再生利用是指矿产原料及产品的废旧料经过加工处理再生回收。②

---

① 戴时林. 红旗岭镍矿资源的二次开发与利用方法探讨[J]. 世界有色金属，2018(19)：111-112.

② 杨建民，刘磊，吕海宁，等. 我国深海矿产资源开发装备研发现状与展望[J]. 中国工程科学，2020(6)：1-9.

第二节 我国矿产资源开发演进历程

一、矿产资源开发的重要意义

矿产资源在人类生产、生活中扮演着重要角色，人们的衣、食、住、行、用都离不开矿产资源。人类社会发展史就是一部矿产资源开发利用史。随着矿物资源开发利用规模的扩大和加工程度的深化，人类社会的分工越来越细，生产规模逐步扩大。矿产品给我国工业提供了80%的原料，矿物能源提供了约95%的能源。中国特色社会主义现代化建设离不开矿产资源的保障。

二、我国矿产资源开发历程

(一)恢复生产阶段(1949~1951年)

中华人民共和国于1949年10月1日宣告成立，从此打开了我国矿业发展新征程，我国矿业自此迈入了现代矿业发展新时期。

中华人民共和国成立之初，为逐渐恢复矿业生产，做出了以下三项工作部署①：

(1) 中央人民政府政务院设立重工业部和燃料工业部，负责组织管理与领导全国矿业开发工作。1950年成立全国地质工作计划指导委员会(1952年改建为地质部)，负责全国地质工作的规划、组织、指导与管理。

(2) 通过了《中华人民共和国矿业暂行条例》和《中华人民共和国矿业暂行条例细则》，明确指出全国矿藏均为国有，分别由重工业部和燃料工业部主管。

(3) 培养地质人才。国家将焦作工学院从河南迁至天津，改名为中国

---

① 中国矿业报编辑部. 中国矿业与新中国一起成长[N]. 中国矿业报, 2019-09-30.

矿业学院，这是中华人民共和国成立后的第一所矿业学校。

经过努力，我国逐步恢复了矿业生产，夯实了矿业发展基础。

(二)探索发展阶段(1952~1978年)

1953~1957年，国家实施第一个五年计划。一方面对重点矿区进行勘查开发；另一方面在新的地区开展地质普查找矿工作。这一时期在新油田开拓、油矿地质找矿、石油地质勘查、金属矿产和非金属矿产勘查方面都取得了重大进展。

到1978年，我国累计发现并探明储量的矿产达131种(1949年仅有2种)，为建设新矿山、发展矿业生产提供了充分的资源保障。这一时期重点扩建了15个煤矿老矿区，开始了10个煤矿新矿区的建设工作；建设起了大庆、胜利、大港、辽河、中原、克拉玛依等油田；在河南小秦岭地区、山东招远地区、内蒙古赤峰地区发现一批新的金矿和新的矿床；在云南、湖南、广东、辽宁、甘肃、河南等地新建了一大批有色金属和贵金属矿。①

(三)快速发展阶段(1979~2016年)

在这个时期，矿业发展的核心理念是积极推进矿业开发，这一理念得到了充分的贯彻，地质工作取得了显著的进展，许多重要的矿山项目陆续建成，同时像大庆和鞍钢这样的先进企业脱颖而出。矿业文化深刻融入矿业开发的实践中，为推动这一领域的发展提供了强大的精神动力。

改革开放以来，我国实施"两种资源、两个市场"的资源战略，坚持国内资源和国际资源、国内市场和国际市场并重，在加大国内资源开发的同时，积极引进外资参与勘查、开发，加大对外投资步伐，我国地质找矿和矿业开发取得巨大成就。

在地质找矿方面，南海、东海、塔里木盆地、鄂尔多斯盆地等油气勘探取得历史性重大突破；地跨陕西和内蒙古的神府—东胜煤田成为世界级大型优质煤田；山东胶东地区发现一批大型金矿；甘肃西成地区发现一大批有色金属矿。

我国建成了包括能源、钢铁、有色、化工、非金属及建材在内的，比

---

① 赵腊平.矿业文化因中国实践而精彩纷呈[N].中国矿业报，2021-09-29.

较完整的矿业及原材料加工工业体系，形成了煤炭、电力、石油、天然气、新能源、可再生能源全面发展的能源供给体系，成为世界上最大的矿产品生产国、消费国和贸易国，发展成世界上举足轻重的矿业大国。

（四）高质量发展阶段（2017 年至今）

中国特色社会主义进入新时代以来，我国矿业发展贯彻习近平生态文明思想，牢固树立"两山"理念。我国绿色勘查、绿色矿山建设、矿山生态修复取得明显成效，资源利用率、矿山集约化和智能化水平实现新突破，保障资源能力进一步增强，开辟了资源环境协同发展的另一路径。2019 年，29 个省（区、市）的 953 家矿山企业纳入全国绿色矿山名录。

矿业行业供给侧结构性改革在绿色、安全、和谐、智能、高效的路上取得重大进展，不断向现代化矿业迈进。这对于经济社会发展之矿产资源保障、全球矿业共同体构建具有重要意义，走出了中国特色，彰显了中国智慧。

在矿政管理方面，行业主管部门取消了一批地质矿产类审批事项，清理了全部非行政许可审批事项。[①] 自然资源部印发《关于探索利用市场化方式推进矿山生态修复的意见》，将激励政策明晰化，鼓励社会资源进入，推行市场化运作、科学化治理模式。明确煤炭、铁等 88 个矿种的"三率"指标要求，遴选推广 360 项先进适用采选技术、工艺及装备。[②]

在地质找矿方面，找矿突破战略行动取得丰硕成果，石油、天然气、锰、钼、钨、金、铅锌矿、铝土矿、钾盐、煤炭、铜、镍、萤石储量均有大幅增长。此外，页岩气和干热岩的调查，分别在长江、青海一带取得了突破。

在矿业开发方面，受需求规模化增长的影响，我国粗钢、煤炭、有色金属（十多种）、水泥产量大幅上升，我国大宗矿产品的产量增长迅猛。我国年矿石开采总量高于 300 亿吨，是 20 多种矿产品的全球最大生产国。

---

① 丁全利. 矿产资源管理：改革创新谱新篇[J]. 国土资源，2017（10）：15-17.
② 赵腊平. 中国共产党与矿业的不解之缘[N]. 中国矿业报，2021（10）.

第三节　我国主要战略性矿产资源开发利用基本特征

一、主要能源矿产开发利用基本特征

（一）石油、天然气开发利用基本特征

2007~2017 年，我国石油、天然气开发利用稳步发展，石油、天然气开发油气田数量、产量、产值持续增加，从业人数与销售收入稳步上升。表 3-1 为我国 2007~2017 年的石油、天然气开发利用情况。

表 3-1　2007~2017 年全国石油、天然气开发利用情况

年份	油气田总数/个				从业人数/人	油产量/万吨	气产量/亿立方米	工业总产值/万元	销售收入/万元	年利税总额/万元
	总数	大型	中型	小型						
2007	822	91	200	531	513375	18597	699	70146545	70404380	44494038
2008	833	97	202	534	529636	18946	775	88243302	88500727	59473889
2009	864	96	217	551	540274	18821	844	62778077	64325051	33106531
2010	873	102	214	557	621627	20128	942	166591855	79726448	48013070
2011	900	101	229	570	604348	20287	1013	108487463	103603119	68022811
2012	920	104	224	592	665989	20684	1071	108107590	105383887	64865657
2013	934	107	220	607	714548	20902	1166	110313969	119182803	61936627
2014	955	111	230	614	710718	21141	1248	113621825	117826774	62202344
2015	980	116	236	628	732602	21509	1244	146170129	73823878	14911117
2016	993	108	227	658	708358	19963	1232	66748312	74067277	3811665
2017	1009	104	242	663	675543	19153	1330	72470496	87907380	16643374

资料来源：《中国国土资源统计年鉴》（2008~2018）。

（二）煤炭开发利用基本特征

2020 年中国煤炭进口量为 30399.1 万吨，位居全球第一。2010~2020

年，我国煤炭消费占能源消费总量的比重由 69.2% 降至 56.8%，降低了 12.5 个百分点。[①] 从 2008 年开始，我国矿山数量逐渐减少，但我国煤炭开发利用率上升，利润总额稳步增加，综合利用产值下降。表 3-2 为我国 2008~2017 年的煤炭开发利用情况。

表 3-2 2008~2017 年全国煤炭开发利用情况

年份	矿山企业数/个					从业人数/人	年产矿量/万吨	工业总产值/万元	矿产品销售收入/万元	利润总额/万元	综合利用产值/万元
	总数	大型	中型	小型	小矿						
2008	17388	387	762	9166	7073	3960629	222137	71758581	63339635	12361081	5870834
2009	16438	436	845	9036	6121	4094279	232742	77995004	69121472	13684393	5240209
2010	14357	571	1179	7559	5048	3911208	289305	105902930	93272286	19393354	7090645
2011	13360	621	1301	7624	3814	3953304	319070	132241963	116865060	25802168	10304550
2012	13008	678	1329	7618	3383	3895653	314455	134169880	111972428	22064510	7327948
2013	12488	730	1370	7369	3019	3695213	306004	111672268	96287176	13096778	6409669
2014	11190	790	1431	7067	1902	3436302	284329	94161165	77997717	5906971	7496580
2015	9686	817	1444	5843	1582	3126311	266321	67303613	58336929	730836	4223836
2016	8790	832	1441	5356	1161	2641093	250926	71657160	65912006	6731831	2820779
2017	7221	872	1392	4179	778	2481293	277880	106717234	98655763	24060712	3818591

资料来源：《中国国土资源统计年鉴》(2008~2018)。

二、主要金属矿产开发利用基本特征

(一)铁矿开发利用基本特征

我国是全球最大的铁矿石进口国和消费国，铁矿石进口量从 2010 年的 6.2 亿吨增长到 2019 年的 10.7 亿吨，对外依存度在 80% 以上。[②] 一定时期

[①] 吴佳丽. 单向高频隔离矩阵变换器设计与控制[D]. 南京：东南大学，2021.

[②] 钢铁行业专题报告：国产铁矿石，国家战略安全保障 [EB/OL]. 腾讯网，https://new.qq.com/rain/a/20230425A016YW00.

内，中国铁矿石仍依赖于进口。抛开铁矿品位低、品质差的客观原因，我们还需从成本、技术方面进行提升，以打破困境。

如图 3-1 所示，我国的铁矿企业数量近年来呈现下降趋势，小矿与小型矿的数量变化幅度大。小矿数量大幅减少的同时，小型企业的数量有了一定的上升，小矿的生存空间缩小，对于小型铁矿企业来说，被大型铁矿企业合并收购是其发展路径之一。

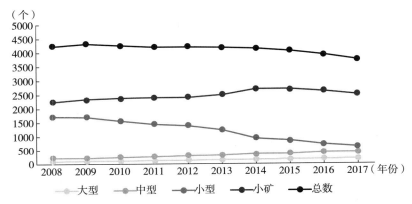

图 3-1　2008~2017 年我国铁矿企业数量

资料来源：《中国国土资源统计年鉴》（2009~2018）。

从图 3-2 可以看出，2008~2017 年我国大型、中型、小型矿企业的数量有所增加，而小矿减少了约 1100 个，大量的小矿不再存在。

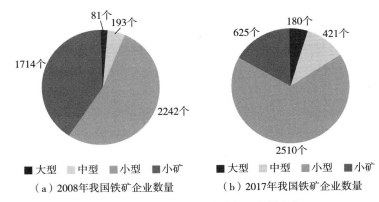

（a）2008年我国铁矿企业数量　　（b）2017年我国铁矿企业数量

图 3-2　2008~2017 年铁矿企业数量变化

资料来源：《中国国土资源统计年鉴》（2009、2018）。

从图 3-3 中可以看出，2008~2011 年铁矿从业人数呈微弱上升，之后就一直在下降，铁矿企业年产量在 2008~2011 年也整体处于上升趋势，之后一直呈下降趋势，到 2017 年才有反弹的趋势。

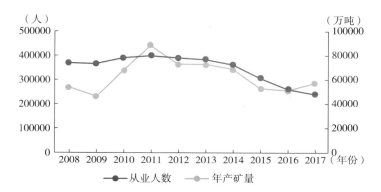

图 3-3　2008~2017 年铁矿从业人数与年产矿量

资料来源：《中国国土资源统计年鉴》（2009~2018）。

从图 3-4 中可以看到，2011 年我国铁矿的工业总产值最高，而后每年的工业总产值波动较大，2013 年最低。

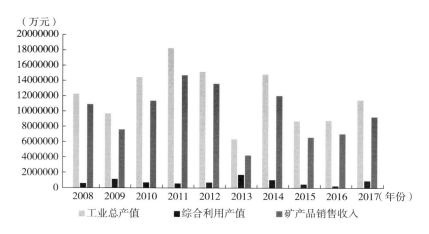

图 3-4　2008~2017 年我国铁矿企业工业总产值

资料来源：《中国国土资源统计年鉴》（2009~2018）。

表 3-3 为我国 2008~2017 年的铁矿开发利用情况。

表3-3　2008~2017年全国铁矿开发利用情况

年份	矿山企业数/个					从业人数/人	年产矿量/万吨	工业总产值/万元	矿产品销售收入/万元	利润总额/万元	综合利用产值/万元
	总数	大型	中型	小型	小矿						
2008	4230	81	193	2242	1714	369808	53514	12325432	10958112	2891149	566417
2009	4318	91	212	2330	1685	366189	45889	9786628	7661840	1121711	1198657
2010	4250	101	239	2365	1545	388179	67376	14492515	11355912	2530670	693913
2011	4203	109	262	2394	1438	400110	87941	18286670	14777552	3785160	638163
2012	4207	115	290	2417	1385	389783	72906	15250374	13661341	2245709	676438
2013	4169	138	312	2501	1218	383855	72572	6418552	4248815	2072252	1741016
2014	4133	161	363	2690	919	360782	68588	14914011	12053830	1161765	993341
2015	4052	159	370	2677	846	304626	52448	8768969	6619953	-132666	484960
2016	3910	182	403	2624	701	258141	50668	8806478	7032299	-16536	296899
2017	3736	180	421	2510	625	239197	56722	11482716	9336767	1183683	950910

资料来源:《中国国土资源统计年鉴》(2009~2018)。

(二)铜矿开发利用基本特征

从图3-5可以看出,2008年以来我国铜矿企业数量稳步提升,值得注意的是2013年之后,小型铜矿企业的数量大幅增加,小铜矿的数量同时减少,众多小铜矿被合并或者被收购。

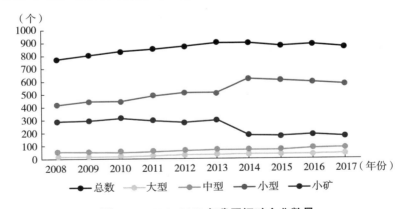

图3-5　2008~2017年我国铜矿企业数量

资料来源:《中国国土资源统计年鉴》(2009~2018)。

从图 3-6 可以看出，我国铜矿企业从业人员数量相对稳定，除 2013 年有一次较大的增长以外，其余年份整体保持稳定；年产量整体也呈上涨趋势，只在 2011 年与 2016 年有过小幅度的下降。

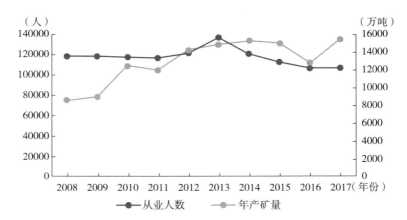

图 3-6　2008~2017 年我国铜矿企业从业人数与年产矿量

资料来源：《中国国土资源统计年鉴》(2009~2018)。

从图 3-7 可以看出，2008~2017 年我国铜矿企业的工业总产值、销售收入、利润总额总体比较稳定，2010 年以来以一定的水平上下浮动。

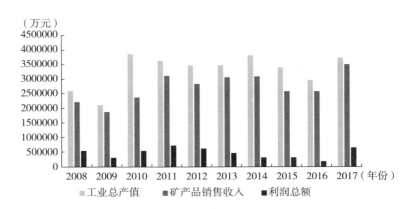

图 3-7　2008~2017 年我国铜矿企业工业总产值

资料来源：《中国国土资源统计年鉴》(2009~2018)。

表 3-4 为我国 2008~2017 年的铜矿开发利用情况。

表 3-4　2008~2017 年全国铜矿开发利用情况

年份	矿山企业数/个					从业人数/人	年产矿量/万吨	工业总产值/万元	矿产品销售收入/万元	利润总额/万元	综合利用产值/万元
	总数	大型	中型	小型	小矿						
2008	772	14	52	420	286	118688	8583	2620373	2238132	564383	201056
2009	803	17	49	443	294	118883	8921	2117146	1887621	322606	114298
2010	832	20	46	444	313	117627	12474	3887876	2394364	541592	171053
2011	853	20	51	488	294	116599	11957	3643408	3128571	734913	416720
2012	874	26	60	510	278	122641	14243	3489416	2853688	637450	291021
2013	900	30	67	508	295	137489	14931	3490740	3089876	477950	422728
2014	898	32	68	618	180	120915	15306	3826251	3116474	331417	402279
2015	875	34	67	605	169	113048	15030	3407939	2592098	319824	267055
2016	888	35	78	592	183	106754	12840	2975420	2584870	183189	50740
2017	866	36	82	577	171	106952	15554	3743943	3511681	645578	911000

资料来源:《中国国土资源统计年鉴》(2009~2018)。

(三) 铝矿开发利用基本特征

从图 3-8 看出,2008~2017 年我国铝矿企业数量有所增长,在 2014 年铝矿企业总数明显下降,同时表现出小型铝矿企业的数量上升与小铝矿的数量减少。

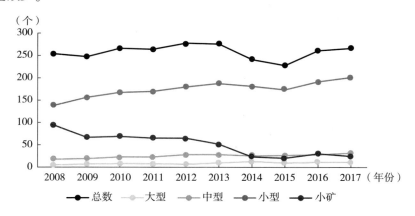

图 3-8　2008~2017 年我国铝矿企业数量

资料来源:《中国国土资源统计年鉴》(2009~2018)。

从图 3-9 可以看出，2008~2017 年我国大型铝矿企业、中型铝矿企业和小型铝矿企业的数量略有增加，而小铝矿的数量有所减少。

（a）2008年我国铝矿企业数量　（b）2017年我国铝矿企业数量

图 3-9　2008~2017 年我国铝矿企业数量

资料来源：《中国国土资源统计年鉴》(2009，2018)。

从图 3-10 可知，2008~2017 年我国铝矿企业的从业人数整体呈下降趋势，但是产量呈上升趋势。

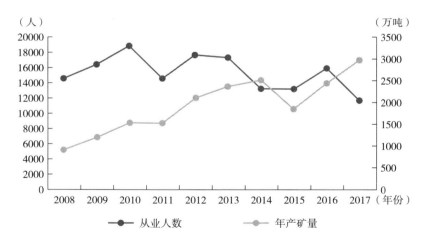

图 3-10　2008~2017 年我国铝矿企业从业人数与年产矿量

资料来源：《中国国土资源统计年鉴》(2009~2018)。

从图 3-11 可知，我国铝矿企业的工业总产值整体呈上升趋势，2017 年达到最大值，同年利润总额也达到最大值。

表 3-5 为我国 2008~2017 年的铝矿开发利用情况。

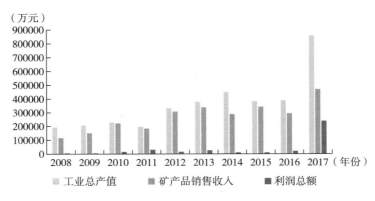

图 3-11　2008~2017 年我国铝矿企业总产值

资料来源：《中国国土资源统计年鉴》(2009~2018)。

表 3-5　2008~2017 年全国铝矿开发利用情况

年份	矿山企业数/个				从业人数/人	年产矿量/万吨	工业总产值/万元	矿产品销售收入/万元	利润总额/万元	综合利用产值/万元
	总数	大型	中型	小型	小矿						
2008	253	4	17	138	94	14398	886	190804	114815	2832	4253
2009	246	6	19	155	66	16304	1175	204313	153296	6079	29620
2010	264	7	22	166	69	18687	1511	227057	221664	14171	14790
2011	263	6	23	169	65	14523	1494	196711	179092	28418	56281
2012	276	6	28	179	63	17538	2075	329983	307218	15555	41478
2013	275	10	27	187	51	17174	2344	375810	338588	26811	23339
2014	240	13	25	180	22	13078	2497	446822	284656	12836	22884
2015	227	9	25	173	20	13001	1821	382740	342221	9435	13314
2016	260	11	29	190	30	15739	2429	387417	292057	18354	2404
2017	266	11	31	200	24	11548	2943	852538	470218	—	20621

资料来源：《中国国土资源统计年鉴》(2009~2018)。

(四)金矿开发利用基本特征

表 3-6 为我国 2008~2017 年的金矿开发利用情况。

表 3-6 2008~2017 年全国金矿开发利用情况

年份	矿山企业数/个					从业人数/人	年产矿量/万吨	工业总产值/万元	矿产品销售收入/万元	利润总额/万元	综合利用产值/万元
	总数	大型	中型	小型	小矿						
2008	1687	33	91	729	834	177019	9958	2855430	2575363	885327	324570
2009	1600	57	111	752	680	168546	11407	3398442	3185179	1031080	545513
2010	1641	54	118	833	636	164008	10833	4206721	3860489	1234898	430289
2011	1637	58	122	828	629	167261	10704	5451552	4936659	1883339	716761
2012	1638	57	130	868	583	186665	12337	6453067	5757690	1773634	770434
2013	1633	60	140	937	496	176135	12085	5321783	4471292	1097646	852693
2014	1610	78	184	1054	294	168158	12833	4769984	4241867	730493	461510
2015	1620	79	187	1052	302	159513	11977	4269903	3932095	523067	395685
2016	1599	78	215	974	332	147585	11744	4608796	4223932	727985	375483
2017	1604	84	232	996	292	146063	8951	4631093	4073140	758787	439186

资料来源:《中国国土资源统计年鉴》(2009~2018)。

(五)稀土开发利用基本特征

重稀土的矿山企业数在 2008~2013 年没有太大变化,在 2014 年出现了断崖式的下跌,而其中变化最明显的就是小型矿山企业的数量,与之相伴的是大型矿山企业数量的增加;从业人数在 2009 年达到顶峰后,开始一路下跌;年产矿量也在 2011 年达到顶峰后大幅度下跌,只在 2014 年出现了一次上涨;工业总产值上下波动,收入与利润也有不同程度的起伏(见表 3-7)。

表 3-7 2008~2017 年全国重稀土开发利用情况

年份	矿山企业数/个					从业人数/人	年产矿量/万吨	工业总产值/万元	矿产品销售收入/万元	利润总额/万元
	总数	大型	中型	小型	小矿					
2008	20	0	1	18	1	1224	447	23996	5012	289
2009	20	0	1	18	1	2451	466	17519	20093	3882
2010	20	0	1	18	1	546	764	51206	50975	5380

年份	矿山企业数/个					从业人数/人	年产矿量/万吨	工业总产值/万元	矿产品销售收入/万元	利润总额/万元
	总数	大型	中型	小型	小矿					
2011	20	0	1	18	1	550	792	70459	52909	4720
2012	22	0	1	20	1	518	389	4779	3826	490
2013	22	1	1	19	1	327	177	53017	52400	370
2014	12	3	0	9	0	327	488	58742	53245	3916
2015	13	3	1	9	0	302	122	89735	36793	3057
2016	15	3	1	11	0	237	192	16572	19451	1827
2017	16	2	2	12	0	236	57	34169	25109	2521

资料来源：《中国国土资源统计年鉴》（2009~2018）。

　　轻稀土的矿山企业数2008年以来就一直处于下跌状态，下跌主要是由于小型矿山企业的减少。从业人数自2008年起开始下跌，直至2014年才开始回弹。年产矿量波动起伏较大，2011年最高。工业总产值略有波动，产品销售收入与利润整体上在增长（见表3-8）。

表3-8　2008~2017年全国轻稀土开发利用情况

年份	矿山企业数/个					从业人数/人	年产矿量/万吨	工业总产值/万元	矿产品销售收入/万元	利润总额/万元	综合利用产值/万元
	总数	大型	中型	小型	小矿						
2008	102	0	6	76	20	3469	400	23136	21007	1033	663
2009	101	0	5	78	18	2175	136	29258	26882	2974	828
2010	90	0	7	73	10	1750	284	31417	27989	5392	286
2011	90	0	7	74	9	1788	920	133552	114384	25279	202
2012	89	1	6	41	41	1546	295	120070	66968	21404	10343
2013	89	1	6	41	41	1591	732	104747	58268	8854	2855
2014	66	5	12	40	9	2011	668	150848	56116	12090	36021
2015	64	5	12	42	5	1950	737	91552	60742	12061	1770
2016	62	5	14	41	2	1803	538	149355	87500	12201	2900
2017	62	5	13	42	2	1554	227	85617	59473	13131	52

资料来源：《中国国土资源统计年鉴》（2009~2018）。

三、主要非金属矿产开发利用基本特征

(一) 磷矿开发利用基本特征

从表 3-9 可以看出，我国磷矿山企业数量减少，原因是小型矿山企业越来越少，大型磷矿开发企业越来越多。同时磷矿开发利用的从业人员减少，年产矿量也随之减少，利润以及工业总产值整体呈现增长趋势，但磷矿的综合利用产值整体下降显著，磷矿资源综合利用实现较好发展。

表 3-9　2008~2017 年全国磷矿开发利用情况

年份	矿山企业数/个					从业人数/人	年产矿量/万吨	工业总产值/万元	矿产品销售收入/万元	利润总额/万元	综合利用产值/万元
	总数	大型	中型	小型	小矿						
2008	376	10	50	256	60	40804	4553	851426	724008	142176	119760
2009	339	13	51	235	40	40019	4876	868448	770092	141969	13881
2010	360	18	55	244	43	40550	5093	1064518	803080	124090	26596
2011	359	24	82	215	38	42552	5596	1363878	1155298	243495	112541
2012	365	28	82	220	35	44984	6323	1785031	1454387	287033	76718
2013	368	33	89	214	32	45793	6679	1607454	139469	223332	281808
2014	356	34	99	199	24	49020	6948	1912236	1309654	169049	108079
2015	337	38	107	174	18	41424	6829	1779638	1257719	252697	63848
2016	350	44	113	173	20	35884	7120	1422163	1103094	210297	67435
2017	307	43	93	159	12	29248	6195	1556442	1054514	200447	23401

资料来源：《中国国土资源统计年鉴》(2009~2018)。

(二) 钾盐资源开发利用基本特征

从表 3-10 可以看出，2008~2017 年我国钾盐的开采企业越来越多，但增多并不明显，主要是大型企业的增加。我国钾盐开发利用的从业人数越来越多。钾盐开采总量、产品销售收入以及综合利用产值都有明显的增长，说明我国越来越重视钾盐的开采，钾盐的开采工作向好发展。

表 3-10　2008~2017 年全国钾盐开发利用情况

年份	矿山企业数/个					从业人数/人	年产矿量/万吨	工业总产值/万元	矿产品销售收入/万元	利润总额/万元	综合利用产值/万元
	总数	大型	中型	小型	小矿						
2008	17	4	9	4	0	7482	2229	760780	533965	291701	26
2009	17	4	6	5	2	8010	3349	1148378	651873	51864	123519
2010	16	4	6	5	1	8225	2937	1055949	1017966	354481	24209
2011	17	5	7	4	1	8475	3646	1259111	1168561	563784	38896
2012	17	5	7	4	1	8929	3929	1169228	1200060	482429	55648
2013	19	5	8	5	1	10053	6957	1304719	1135972	424160	22541
2014	21	7	8	5	1	11106	7312	1933464	1540077	388310	148825
2015	20	6	9	4	1	9597	7569	3014501	1517742	202903	102899
2016	20	6	8	5	1	12645	7856	1874287	1379464	170541	302415
2017	20	13	5	2	0	11849	8215	2200688	1700934	188320	832936

资料来源:《中国国土资源统计年鉴》(2009~2018)。

(三) 晶质石墨资源开发利用基本特征

从表 3-11 可以看出,2008~2017 年我国晶质石墨的年产矿量呈现出下降趋势,因为小矿越来越少,越来越多的大型开采企业应运而生。从业人数大致呈先增后减的波动趋势,年产矿量、工业总产值与矿产品销售收入波动增长。晶质石墨的综合利用产值在 2009 年大幅度下降,随后又大幅度提升,到 2017 年与 2008 年基本持平。

表 3-11　2008~2017 年全国晶质石墨开发利用情况

年份	矿山企业数/个					从业人数/人	年产矿量/万吨	工业总产值/万元	矿产品销售收入/万元	利润总额/万元	综合利用产值/万元
	总数	大型	中型	小型	小矿						
2008	194	30	16	68	80	7539	331	40197	38788	2123	1052
2009	202	42	23	65	72	7337	347	40570	30848	1329	51
2010	194	40	19	73	62	7995	616	93106	92627	3610	78

年份	矿山企业数/个					从业人数/人	年产矿量/万吨	工业总产值/万元	矿产品销售收入/万元	利润总额/万元	综合利用产值/万元
	总数	大型	中型	小型	小矿						
2011	170	25	21	80	44	8193	610	104217	98910	7912	442
2012	176	29	25	76	46	9157	511	87545	73976	8029	460
2013	175	34	33	66	42	6734	509	49736	45535	1085	2600
2014	175	53	19	75	28	6308	518	63238	46225	1911	4479
2015	171	51	16	79	25	5357	408	33554	32321	1680	125
2016	168	55	13	78	22	5815	359	45778	37977	-1158	424
2017	159	55	19	66	19	6147	405	72742	62899	5766	995

资料来源:《中国国土资源统计年鉴》(2009~2018)。

(四)萤石资源开发利用基本特征

从表3-12可以看出,我国萤石开发利用企业整体减少,主要是小矿明显减少,其他类型的矿山企业并没有太大的变化。萤石开发利用的从业人员呈波动减少的趋势,相应的年矿产量也在波动减少,但是其工业总产值却呈现波动增长趋势,说明矿产的有效利用率不断提高。矿产品的销售收入与利润整体呈增长趋势,但是萤石的综合利用产值却没有明显的提升,在上升一段时间后又波动下降。

表3-12 2008~2017年全国萤石开发利用情况

年份	矿山企业数/个					从业人数/人	年产矿量/万吨	工业总产值/万元	矿产品销售收入/万元	利润总额/万元	综合利用产值/万元
	总数	大型	中型	小型	小矿						
2008	1196	2	33	615	546	24808	589	139688	132331	13522	12566
2009	1330	3	36	697	594	24402	536	121801	100366	9371	14940
2010	1287	8	35	659	585	22439	561	185163	166429	19531	16635
2011	1255	9	33	652	561	23363	566	268673	233280	40499	16268
2012	1273	12	32	678	551	23426	556	21600	18433	23955	19432

年份	矿山企业数/个				从业人数/人	年产矿量/万吨	工业总产值/万元	矿产品销售收入/万元	利润总额/万元	综合利用产值/万元
	总数	大型	中型	小型	小矿					
2013	1255	11	34	688	522	23490	436	213013	181078	17764	6460
2014	1229	18	45	791	375	21927	431	208194	170959	19959	8026
2015	1237	16	49	803	369	17728	398	155140	132785	13955	14662
2016	1165	17	42	788	318	16225	347	155445	135753	10797	5310
2017	1039	19	39	731	250	15008	435	285765	208692	23348	9883

资料来源:《中国国土资源统计年鉴》(2009~2018)。

我国矿产资源开发时序演进与空间分异评价

第一节　我国矿产资源开发时空评价模型、指标与方法

一、PSR 评价模型

PSR 模型是 Pressure-State-Response 模型的简称，即压力—状态—响应模型，最初由加拿大统计学家 David J. Rapport 和 Tony Friend 于 1979 年提出，随着 PSIR 概念模型、DSR 概念模型及 DPSIR 概念模型各种修正模型的相继提出，PSR 模型的框架逐渐完善。[①]

压力(P)通过改变生产和消费的惯有形式，使相应的环境状态发生改变，压力因素能够很好地揭示出环境变化的各种直接影响因素；状态(S)用于描述特定时空内的物理、生物、化学现象，以及环境状态的诸多改变对整个生态系统会产生怎样的影响，并最终对人类社会产生怎样的影响；响应(R)主要用来说明政府、组织和个人为了防止问题的出现而采取的对策。

PSR 模型是一种较为先进的资源环境管理体系，主要用于环境管理研究、土地可持续利用研究、水资源可持续利用评价指标体系研究中。它能够从系统学的角度出发，多方面分析人与环境系统的相互作用，是一种在

[①]　黄莎莎. 基于 PSR 模型的矿产资源环境绩效审计评价指标体系研究[D]. 南京：南京审计大学，2019.

环境系统中广泛应用的评价体系模型。①

二、评价指标体系构建原则

指标体系是客观测度矿产资源开发与资源环境保护状况的重要依据，指标的选择与指标体系的构建是研究的关键。基于 PSR 模型的矿产资源开发评价指标体系，是将矿产资源开发评价指标按照压力—状态—响应三个维度进行分类梳理，每个维度包含资源开发和资源环境保护两个方面。资源开发指标主要测度资源开发投入与产出的效率和效益，资源环境保护指标主要测度资源集约节约和环境保护。本章在指标选取与指标体系构建方面遵循的原则主要有以下三点：

（1）科学性原则。矿产资源开发测度涉及内容广，包括矿产资源勘查、开采、节约和环境保护等方面，指标体系的构建应当紧扣矿产资源开发与资源环境保护的内涵。矿产资源开发指标应包括矿产资源开发投入与产出的效率与效益，资源环境保护指标包括资源节约与综合利用、生态环境保护与治理等内容。

（2）系统性原则。从压力、状态和响应三个维度全面、系统构建指标体系。矿产资源开发评价指标细分为开发压力指标、开发状态指标和开发响应指标，三类指标之间构成压力—响应—状态的逻辑关系。矿产资源环境保护评价指标细分为资源环境保护压力指标、资源环境保护状态指标和资源环境保护响应指标，三类指标之间构成压力—响应—状态的逻辑关系。

（3）可获得性原则。本章一是从时间跨度测度我国矿产资源开发的演变特征，需要保证指标的统一性及其数据的可获得性；二是从全国 30 个省份的维度测度全国矿产资源开发的空间分异，需要保证选取的指标数据在 30 个省份的均可获得。指标的筛选和指标体系的构建均依赖于数据的可获得性。

遵循指标体系选取的科学性、系统性和可获得性等原则，本章分别构建了基于 PSR 模型的我国矿产资源开发动态评价指标体系和基于 PSR 模型的我国矿产资源开发省域评价指标体系，两套指标体系分别从时间跨度和

---

① 赵洋. 基于 PSR 概念模型的我国战略性矿产资源安全评价［D］. 北京：中国地质大学（北京），2011.

空间维度对我国矿产资源开发状况进行评价，由于评价的侧重点和数据的可获得性不一致，部分指标也存在一定差异。

三、评价方法

(一)权重赋权方法

权重是指某一特定因素(指标)对于其整体的重要性，不仅体现在单因素(指标)与整体的比重上，而且体现在该因素(指标)相对于其他类似因素的贡献程度或重要性程度上。

目前指标赋权的方法主要有主观赋权、客观赋权和主客观结合赋权的方法。最常用的主观赋权方法有层次分析法、德尔菲法等。主观赋权法的优点在于可避免出现所赋权重与实际情形不符的现象，解释能力更强，但缺点在于主观因素偏大，评价结果受个人主观性影响较大。客观赋权法中运用最为广泛的有熵权法、主成分分析法等，指标的权重是由指标内部所包含的信息储备量决定的，根据指标的原始数据运用数学原理进行计算就可得到评价结果，因此由客观赋权法得到的评价结果更接近实际情况。主客观结合赋权既能反映客观信息又能体现专家的经验信息。

本章采用熵权法对指标赋值。熵权法是一种客观赋值方法。在具体使用过程中，熵权法根据各指标的变异程度，利用信息熵计算出各指标的熵权，再通过熵权对各指标的权重进行修正，从而可得到较为客观的指标权重。[1] 熵权法能深刻反映指标的区分能力，确定较好的权重；赋权更加客观，有理论依据，可信度也更高；算法简单，不需要利用其他软件分析。但其无法考虑到指标与指标之间的横向影响；对样本依赖性大，建模样本变化，权重也会发生变化；可能导致权重失真，最终结果无效。

熵权法是建模比赛中最基础的模型之一，其主要用于解决评价类问题(如选择哪种方案最好、哪位运动员或者员工表现得更优秀)，用于确定每个指标所占权重，权重用于计算最终得分。上层可能需要结合专家经验来构建，而底层的指标分得较细，权重比较难确定，这种情况下采用熵权法比较合适。

---

① 王冬. 火电建设项目投资方案评价研究[D]. 北京：华北电力大学，2015.

本章采用德尔菲法对要素层指标赋值，最终认为资源开发和资源环境保护一样重要，权重比为1:1。

(二) 数据测算方法

熵权法，物理学名词，按照信息论基本原理的解释，信息是系统有序程度的一个度量，熵是系统无序程度的一个度量。可利用信息熵这个工具，计算出各个指标的权重，为多指标综合评价提供依据。[①]

设有 n 个评价指标与 m 个评价对象所构成的数据集为：

$$S = \{x1, x2, \cdots, xm\}, xi \in R^n$$

假设现在存在 m 个矿产资源开发与资源环境保护评价测度对象，n 个选取的评价指标，将第 j 个测度对象在第 i 个评价指标上的原始数据标记为 a_{ij}（i = 1，2，$\cdots$，m；j = 1，2，$\cdots$，n），从而形成原始测度矩阵 P = (a_{ij})m×n，如下所示：

$$p = \begin{bmatrix} a_{11} & a_{12} & \cdots & a_{1n} \\ a_{21} & a_{22} & \cdots & a_{2n} \\ \cdots & \cdots & \ddots & \cdots \\ a_{m1} & a_{m2} & \cdots & a_{mn} \end{bmatrix}$$

由于选取的评价指标的单位不相同，本章采用极差标准化法对指标的原始数据进行标准化处理以消除评价指标单位不一的影响。选取的指标包括正向指标和负向指标，正向指标指的是指标数值越高对矿产资源开发与资源环境保护测度影响越高的指标，负向指标指的是指标数值越低对矿产资源开发与资源环境保护测度影响越高的指标。对于正负向指标需要按照不同的方法进行标准化处理。

对指标层中属性为正的指标进行处理：

$$X^+ = \frac{a_{ij} - \min(a_{ij})}{\max(a_{ij}) - \min(a_{ij})}$$

对于指标层中属性为负的指标进行处理：

$$X^- = \frac{\max(a_{ij}) - a_{ij}}{\max(a_{ij}) - \min(a_{ij})}$$

① 曾旸. 基于发展潜力评估的县域村庄分类及规划策略研究——以县级市荣成为例[D]. 武汉：华中科技大学，2021.

处理后得到标准化矩阵，x_{ij} 表示的是通过极差标准化法得到的第 i 个测度对象在第 j 个评价指标上的数据值；X 是原始矩阵通过标准化处理后形成的新矩阵：

$$X = \begin{bmatrix} x_{11} & x_{12} & \cdots & x_{1n} \\ x_{21} & x_{22} & \cdots & x_{2n} \\ \cdots & \cdots & \ddots & \cdots \\ x_{m1} & x_{m2} & \cdots & x_{mn} \end{bmatrix}$$

接下来计算第 j 个评价指标的信息熵：

$$e_j = -k \sum_{i=1}^{m} p_{ij} \times \ln p_{ij}$$

其中，

$$p_{ij} = \frac{x_{ij}}{\sum_{i=1}^{m} x_{ij}}; \quad k = \ln \frac{1}{m}; \quad \ln 0 = 0$$

然后确定第 j 个评价指标的熵权 w_j，各指标权重计算如下：

$$w_j = \frac{1 - e_j}{\sum_{j=1}^{n} (1 - e_j)}$$

其中，$w_j \in [0, 1]$ 且 $\sum_{j}^{n} w_j = 1$。

本书采用综合分析评级方法。依据受评客体的实际统计数据计算综合评级得分（或称指数）的数学模型。

本次评价中各评价对象的指标值与表 4-2 中的评价标准进行比较计算指标得分。对于正向指标，评价标准为均值的，评价得分为 0.5+[（指标值–均值）/均值]；评价标准为上限值的，评价得分为指标值/上限值。对于负向指标，评价标准为均值的，评价得分为 0.5+[（均值–指标值）/均值]；评价标准为上限值的，评价得分为 1–指标值/上限值。根据以往研究划分评价结果等级的习惯，即得分在 0~0.2（含）的为差，0.2~0.4（含）为较差，0.4~0.6（含）为中等，0.6~0.8（含）为较好，0.8~1（含）为好，为了消除指标得分极端值对评价结果的异常影响，评价指标得分超过 1 的取值为 1，得分小于 0.2 的取值为 0.2，各指标得分通过加权求和即得到各评价对象的最终评价结果。

第二节 我国矿产资源开发时序演进评价

一、评价指标体系

为了从时间维度分析我国矿产资源开发的情况，基于矿产资源开发评价指标体系的构建原则，本节构建了矿产资源开发的动态评价指标体系（见表4-1），以期从时间维度分析矿产资源开发动态演进特征。

表4-1 基于PSR模型的我国矿产资源开发动态评价指标体系

目标层	要素层	指标层	单位	正负向
压力P	资源开发	X1：地质勘查从业人数	人	+
		X2：油气和非油气资源开发利用从业人数	人	+
		X3：年产矿量/原矿	万吨	+
	资源环境保护	X4：单位从业人员非油气矿产资源综合利用产值	万元/人	+
		X5：本年新增占用、损坏矿山面积恢复治理率	%	+
		X6：本年矿产资源开采新增占用、破坏土地面积	公顷	−
状态S	资源开发	X7：工业总产值	万元	+
		X8：油气年利税总额	万元	+
		X9：非油气年利润总额	万元	+
	资源环境保护	X10：非油气矿产资源综合利用产值占总产值的比例	%	+
		X11：本年恢复治理矿山数量	个	+
		X12：本年恢复治理矿山面积	公顷	+
响应R	资源开发	X13：探矿权使用费	万元	+
		X14：采矿权使用费	万元	+
		X15：地质勘查业投入	万元	+
	资源环境保护	X16：矿产资源勘查、开采违法案件结案率	%	+
		X17：矿山环境治理资金投入强度	万元/公顷	+
		X18：地质灾害防治投资	万元	+

二、评价指标体系权重与评价标准

本节在我国矿产资源开发动态评价指标体系的基础上，从《中国国土资源统计年鉴》《中国统计年鉴》中收集整理了 2008～2017 年全国层面有关矿产资源开发的数据，按照主观分析法对要素进行赋权，运用熵权法对指标进行赋权，对指标数据进行统计分析，确定评价标准(见表 4-2)。

表 4-2 基于 PSR 模型的我国矿产资源开发动态评价指标权重

目标层	要素层	要素权重	指标层	指标权重	评价标准
压力 P	资源开发	0.5	X1：地质勘查从业人数	0.25	中等水平：237287
			X2：油气和非油气资源开发利用从业人数	0.37	中等水平：6764160
			X3：年产矿量/原矿	0.38	中等水平：804280.63
	资源环境保护	0.5	X4：单位从业人员非油气矿产资源综合利用产值	0.53	中等水平：1.68
			X5：本年新增占用、损坏矿山面积恢复治理率	0.33	上限值：100%
			X6：本年矿产资源开采新增占用、破坏土地面积	0.14	中等水平：237673.37
状态 S	资源开发	0.5	X7：工业总产值	0.47	中等水平：151070698.9
			X8：油气年利税总额	0.27	中等水平：43198708.38
			X9：非油气年利润总额	0.25	中等水平：21465813.03
	资源环境保护	0.5	X10：非油气矿产资源综合利用产值占总产值的比例	0.31	中等水平：8.00%
			X11：本年恢复治理矿山数量	0.24	中等水平：6038
			X12：本年恢复治理矿山面积	0.45	中等水平：48528.51

续表

目标层	要素层	要素权重	指标层	指标权重	评价标准
响应 R	资源开发	0.5	X13：探矿权使用费	0.50	中等水平：33199.98
			X14：采矿权使用费	0.31	中等水平：14816.79
			X15：地质勘查业投入	0.19	中等水平：9842518.36
	资源环境保护	0.5	X16：矿产资源勘查、开采违法案件结案率	0.27	上限值：100%
			X17：矿山环境治理资金投入强度	0.32	中等水平：19.41
			X18：地质灾害防治投资	0.41	中等水平：1181242.8

注：除 X6 为负向指标外，其余均为正向指标；X5、X16 两项评价指标超过 100% 的环境经济意义不明显，所以评价标准取上限值 100%。

三、评价结果

本节运用综合评级法，首先对原始数据进行处理、计算，其次对压力、状态和响应三个子系统进行测度，最后得到 2008~2017 年全国矿产资源开发动态评价分值，具体情况如表 4-3 所示。

表 4-3　2008~2017 年全国矿产资源开发动态评价得分

年份	压力 P			状态 S			响应 R		
	总体压力	资源开发压力	资源环境保护压力	总体状态	资源开发状态	资源环境保护状态	总体响应	资源开发响应	资源环境保护响应
2008	0.35	0.50	0.21	0.44	0.46	0.42	0.33	0.27	0.40
2009	0.43	0.49	0.37	0.43	0.30	0.55	0.64	0.88	0.40
2010	0.56	0.55	0.56	0.61	0.62	0.59	0.43	0.34	0.52

年份	压力 P			状态 S			响应 R		
	总体压力	资源开发压力	资源环境保护压力	总体状态	资源开发状态	资源环境保护状态	总体响应	资源开发响应	资源环境保护响应
2011	0.74	0.60	0.87	0.83	0.90	0.76	0.42	0.38	0.45
2012	0.55	0.58	0.53	0.66	0.88	0.44	0.45	0.41	0.48
2013	0.62	0.56	0.67	0.53	0.68	0.38	0.57	0.42	0.72
2014	0.70	0.51	0.90	0.52	0.56	0.47	0.66	0.37	0.94
2015	0.53	0.44	0.62	0.30	0.24	0.37	0.65	0.30	0.99
2016	0.50	0.39	0.61	0.29	0.25	0.33	0.55	0.26	0.83
2017	0.61	0.38	0.84	0.65	0.60	0.71	0.59	0.25	0.93

本节按照设定的等级划分标准，对 2008~2017 年全国矿产资源开发动态评价分值进行等级划分，具体如表4-4 所示。

表4-4　2008~2017 年全国矿产资源开发动态评价等级划分

年份	压力 P			状态 S			响应 R		
	总体压力	资源开发压力	资源环境保护压力	总体状态	资源开发状态	资源环境保护状态	总体响应	资源开发响应	资源环境保护响应
2008	较小	一般	较小	一般	一般	一般	较差	较差	一般
2009	一般	一般	较小	一般	较差	一般	较好	好	一般
2010	一般	一般	一般	较好	较好	一般	一般	较差	一般
2011	较大	较大	大	好	好	较好	一般	较差	一般
2012	一般	一般	一般	较好	好	一般	一般	一般	一般
2013	较大	一般	较大	一般	较好	较差	一般	一般	较好
2014	较大	一般	大	一般	一般	一般	较好	较差	好
2015	一般	一般	较大	较差	较差	较差	较好	较差	好
2016	一般	较小	较大	较差	较差	较差	一般	较差	好
2017	较大	较小	大	较好	较好	较好	一般	较差	好

基于全国矿产资源开发动态评价数据与等级划分，本节归纳总结了 2008~2017 年全国矿产资源开发的总体特征与动态演进规律，具体如表 4-5 所示。

表 4-5　2008~2017 年全国矿产资源开发时序演进规律

年份	总体压力	总体状态	总体响应	总体特征
2008	较小	一般	较差	总体压力较小，但总体响应较差，总体状态一般
2009	一般	一般	较好	总体压力一般，总体响应较好，总体状态仍一般
2010	一般	较好	一般	总体压力一般，总体响应一般，总体状态变得较好
2011	较大	好	一般	总体压力变得较大，总体响应一般，总体状态变好
2012	一般	较好	一般	总体压力一般，总体响应一般，总体状态呈现为较好
2013	较大	一般	一般	总体压力较大，总体响应一般，所以总体状态也呈现为一般
2014	较大	一般	较好	总体压力较大，但总体响应变得较好，总体状态仍然为一般
2015	一般	较差	较好	总体压力变小呈一般状态，总体响应也较好，但是总体状态较差
2016	一般	较差	一般	总体压力仍然一般，总体响应也一般，总体状态处于较差等级
2017	较大	较好	一般	总体压力较大，总体响应一般，但是总体状态较好，响应效率有所提升

2008~2017 年全国矿产资源开发的时序演进规律如下：

从矿产资源开发与资源环境保护的压力来看，2008~2017 年的 10 年里，资源开发压力和资源环境保护压力与总体压力大体上呈现同向变化的趋势，其中资源环境保护压力的变动幅度最大，资源开发压力的变动幅度较小。2008~2011 年总体压力、资源环境保护压力波动上升，2012 年有较大幅度的下降，2013 年和 2014 年又逐渐增大，2015~2017 年呈现先下降后上升的趋势。资源开发压力在 2008~2017 年呈现先上升后下降的趋势，但是变动不大，总体上来看基本较为稳定（见图 4-1）。

从矿产资源开发与资源环境保护的状态来看，2008~2017 年资源开发状态和资源环境保护状态与总体状态基本呈现同向变化的趋势，且三种状态

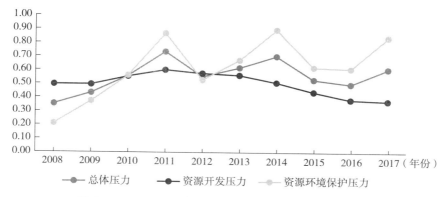

图 4-1 2008~2017 年矿产资源开发与资源环境保护压力

间的差异较小。2008~2011 年总体状态、资源开发状态和资源环境保护状态总体上呈现大幅向好的趋势。2012~2016 年三种状态又总体上呈现逐年变差的状态。2016~2017 年总体状态、资源开发状态和资源保护状态均显著变好（见图 4-2）。

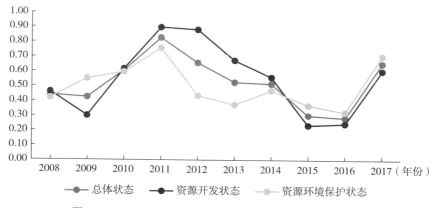

图 4-2 2008~2017 年矿产资源开发与资源环境保护状态

从矿产资源开发与资源环境保护的响应来看，2008~2017 年总体响应水平先上升再下降然后缓慢上升最后趋于中等水平。资源开发响应水平在 2008~2009 年大幅上升，但 2010 年又陡然下降，2011~2017 年呈现先小幅上升再缓慢下降的趋势。资源环境保护响应和资源开发响应有着显著的区别，资源环境保护响应在 2008~2015 年总体上是处于上升的状态，2016 年有所下降但 2017 年又有所回升（见图 4-3）。

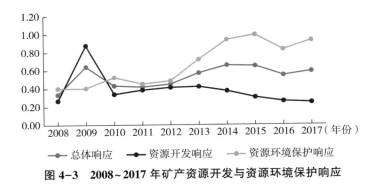

图 4-3　2008~2017 年矿产资源开发与资源环境保护响应

第三节　我国矿产资源开发空间分异评价

一、评价指标体系

为了进一步从空间分异维度分析我国矿产资源开发的实际情况，本节以 30 个省份为研究单元，构建了基于矿产资源开发的省域评价指标体系（见表 4-6），以期深入分析省份层面矿产资源开发基本特征。

表 4-6　基于 PSR 模型的我国矿产资源开发省域评价指标体系

目标层	要素层	指标层	单位	正负向
压力 P	资源开发	X1：非油气矿产品销售收入占非油气工业总产值比例	%	+
		X2：单位从业人员非油气矿产资源工业总产值	万元/人	+
		X3：单位从业人员非油气矿产资源年产矿量	万吨/人	+
	资源环境保护	X4：单位从业人员非油气矿产资源综合利用产值	万元/人	+
		X5：本年新增占用、损坏矿山面积恢复治理率	%	+
		X6：本年矿业开采新增占用、损坏土地面积占总开采面积的比例	%	—

目标层	要素层	指标层	单位	正负向
状态 S	资源开发	X7：非油气矿产资源利润率	%	+
		X8：非油气工业总产值占地区 GDP 比例	%	+
		X9：非油气小型矿山企业数占非油气矿山企业总数比例	%	+
	资源环境保护	X10：非油气矿产资源综合利用产值占总产值的比例	%	+
		X11：矿业开采累计未治理土地面积占总开采面积的比例	%	−
		X12：本年恢复治理面积占累计恢复治理面积比例	%	+
响应 R	资源开发	X13：新出让探矿权占原有探矿权的比例	%	+
		X14：钻探效率	万元/平方米	+
		X15：新出让采矿权占原有采矿权的比例	%	−
	资源环境保护	X16：矿产资源勘查、开采违法案件结案率	%	+
		X17：矿山环境治理资金投入强度	万元/公顷	+
		X18：矿山地质环境保证金强度	万元/公顷	+

二、评价指标权重与评价标准

本节在我国矿产资源开发省域评价指标体系的基础上，进一步明确了指标的计算方法，从《中国国土资源统计年鉴》《中国统计年鉴》中收集整理了 2017 年省域层面有关矿产资源绿色开发的数据，按照主观分析法对要素进行赋权，运用熵权法对指标进行赋权，对指标数据进行统计分析，确定评价标准。具体如表 4-7 所示。

表 4-7 我国矿产资源开发省域评价指标权重

目标层	要素层	要素权重	指标层	指标权重	评价标准
压力 P	开发	0.5	X1：非油气矿产品销售收入占非油气工业总产值的比例	0.062	中等水平：83.54%
			X2：单位从业人员非油气矿产资源工业总产值	0.401	中等水平：42.27
			X3：单位从业人员非油气矿产资源年产矿量	0.537	中等水平：0.32
	保护	0.5	X4：单位从业人员非油气矿产资源综合利用产值	0.562	中等水平：3.56
			X5：本年新增占用、损坏矿山面积恢复治理率	0.401	上限值：100%
			X6：本年矿业开采新增占用、损坏土地面积占总开采面积的比例	0.037	中等水平：9.51%
状态 S	开发	0.5	X7：非油气矿产资源利润率	0.09	中等水平：15.54%
			X8：非油气工业总产值占地区 GDP 的比例	0.644	中等水平：4.34%
			X9：非油气小型矿山企业数占非油气矿山企业总数的比例	0.266	中等水平：54.07%
	保护	0.5	X10：非油气矿产资源综合利用产值占总产值的比例	0.569	中等水平：6.78%
			X11：矿业开采累计未治理土地面积占总开采面积的比例	0.188	中等水平：60.25%
			X12：本年恢复治理面积占累计恢复治理面积的比例	0.243	中等水平：12.28%
响应 R	开发	0.5	X13：新出让探矿权占原有探矿权的比例	0.322	中等水平：9.05%
			X14：钻探效率	0.657	中等水平：31.16
			X15：新出让采矿权占原有采矿权的比例	0.021	中等水平：3.84%
	保护	0.5	X16：矿产资源勘查、开采违法案件结案率	0.058	上限值：100%
			X17：矿山环境治理资金投入强度	0.493	中等水平：126.64
			X18：矿山地质环境保证金强度	0.448	中等水平：129.31

注：除 X6、X11、X15 为负向指标外，其余均为正向指标；X5 和 X16 两项评价指标超过 100% 的环境经济意义不大，所以 X5 和 X16 的评价标准取上限值 100%。

三、评价结果

本节从《中国国土资源统计年鉴 2018》《中国统计年鉴 2018》等公开资料中收集 2017 年矿产资源开发的省域层面数据，由于上海市相关数据缺失较多，因此本节选择了我国 30 个省份(不考虑上海、香港地区、澳门地区、台湾地区的情况)作为评价对象。根据对照标准(见表 4-2)，运用综合分析评级方法，对这 30 个省份的矿产资源开发与资源环境保护压力 P、状态 S、响应 R 进行评价分析。2017 年我国省域矿产资源开发评价得分如表 4-8 所示。

表 4-8　2017 年我国矿产资源开发省域评价得分

省份	压力 P			状态 S			响应 R		
	总体压力	资源开发压力	资源环境保护压力	总体状态	资源开发状态	资源环境保护状态	总体响应	资源开发响应	资源环境保护响应
北京	0.38	0.22	0.55	0.25	0.30	0.20	0.64	0.72	0.57
天津	0.70	0.70	0.69	0.51	0.41	0.60	0.36	0.47	0.25
河北	0.21	0.22	0.20	0.22	0.21	0.24	0.30	0.35	0.24
山西	0.50	0.36	0.63	0.78	0.88	0.68	0.36	0.47	0.25
内蒙古	0.72	0.90	0.55	0.66	0.88	0.44	0.23	0.21	0.24
辽宁	0.40	0.25	0.55	0.26	0.24	0.28	0.68	0.74	0.63
吉林	0.35	0.22	0.48	0.24	0.26	0.22	0.23	0.21	0.24
黑龙江	0.38	0.23	0.52	0.24	0.27	0.20	0.76	0.53	0.99
江苏	0.49	0.43	0.55	0.32	0.25	0.40	0.31	0.24	0.38
浙江	0.69	0.88	0.50	0.34	0.38	0.30	0.23	0.20	0.25
安徽	0.74	0.50	0.98	0.62	0.47	0.78	0.23	0.21	0.25
福建	0.67	0.35	1.00	0.46	0.27	0.66	0.61	0.21	1.00
江西	0.42	0.21	0.63	0.52	0.23	0.82	0.35	0.46	0.25
山东	0.31	0.31	0.30	0.32	0.29	0.35	0.22	0.22	0.23
河南	0.38	0.22	0.55	0.31	0.27	0.34	0.71	0.42	1.00
湖北	0.47	0.40	0.55	0.36	0.31	0.42	0.49	0.20	0.77
湖南	0.38	0.20	0.55	0.27	0.20	0.35	0.41	0.21	0.60

省份	压力 P			状态 S			响应 R		
	总体压力	资源开发压力	资源环境保护压力	总体状态	资源开发状态	资源环境保护状态	总体响应	资源开发响应	资源环境保护响应
广东	0.64	0.79	0.48	0.26	0.24	0.29	0.55	0.73	0.37
广西	0.67	0.79	0.55	0.26	0.23	0.28	0.34	0.20	0.48
海南	0.59	0.63	0.55	0.38	0.41	0.35	0.35	0.46	0.25
重庆	0.54	0.50	0.59	0.34	0.22	0.46	0.47	0.56	0.37
四川	0.33	0.22	0.44	0.55	0.25	0.84	0.23	0.22	0.23
贵州	0.38	0.22	0.54	0.40	0.37	0.42	0.23	0.21	0.25
云南	0.34	0.22	0.46	0.29	0.31	0.27	0.23	0.22	0.25
西藏	0.75	0.54	0.97	0.66	0.52	0.81	0.58	0.74	0.42
陕西	0.57	0.65	0.49	0.66	0.92	0.40	0.22	0.22	0.23
甘肃	0.39	0.23	0.55	0.44	0.53	0.35	0.22	0.21	0.23
青海	0.85	0.73	0.97	0.75	0.84	0.66	0.29	0.20	0.38
宁夏	0.55	0.54	0.55	0.66	0.78	0.54	0.64	0.65	0.62
新疆	0.47	0.37	0.58	0.73	0.86	0.60	0.28	0.21	0.36

本节按照以下等级划分标准进行评价，得分在 0~0.2（含）的为"小"，0.2~0.4（含）为"较小"，0.4~0.6（含）为"一般"，0.6~0.8（含）为"较大"，0.8~1（含）为"大"，为了消除指标得分极端值对评价结果的异常影响，评价指标得分超过 1 的取值为 1，得分小于 0.2 的取值为 0.2。具体结果如表 4-9 所示。

表 4-9 2017 年我国矿产资源开发省域评价等级划分

省份	压力 P			状态 S			响应 R		
	总体压力	资源开发压力	资源环境保护压力	总体状态	资源开发状态	资源环境保护状态	总体响应	资源开发响应	资源环境保护响应
北京	较小	较小	一般	较差	较差	较差	较好	较好	一般
天津	较大	较大	较大	一般	一般	较好	较差	一般	较差
河北	较小	较小	较小	较差	较差	较差	较差	较差	较差
山西	一般	较小	较大	较好	好	较好	较差	一般	较差

省份	压力 P			状态 S			响应 R		
	总体压力	资源开发压力	资源环境保护压力	总体状态	资源开发状态	资源环境保护状态	总体响应	资源开发响应	资源环境保护响应
内蒙古	较大	大	一般	较好	好	一般	较差	较差	较差
辽宁	一般	较小	一般	较差	较差	较差	较好	较好	较好
吉林	较小	较小	一般	较差	较差	较差	较差	较差	较差
黑龙江	较小	较小	一般	较差	较差	较差	较好	一般	好
江苏	一般	一般	一般	较差	较差	一般	较差	较差	较差
浙江	较大	大	一般	较差	较差	较差	较差	较差	较差
安徽	较大	一般	大	较好	一般	较好	较差	较差	较差
福建	较大	较小	大	一般	较差	较好	较好	较差	好
江西	一般	较小	较大	一般	较差	好	较差	一般	较差
山东	较小	较小	较小	较差	较差	较差	较差	较差	较差
河南	较小	较小	一般	较差	较差	较差	较好	一般	好
湖北	一般	一般	一般	较差	较差	一般	一般	较差	较好
湖南	较小	较小	一般	较差	较差	一般	一般	较差	较好
广东	较大	较大	一般	较差	较差	较差	一般	较好	较差
广西	较大	较大	一般	较差	较差	较差	较差	较差	一般
海南	一般	较大	一般	较差	一般	较差	一般	一般	较差
重庆	一般	一般	一般	较差	较差	一般	一般	一般	较差
四川	较小	较小	一般	一般	较差	好	较差	较差	较差
贵州	较小	较小	一般	一般	较差	一般	较差	较差	较差
云南	较小	较小	一般	较差	较差	较差	较差	较差	较差
西藏	较大	一般	大	较好	一般	好	一般	较好	一般
陕西	一般	较大	一般	较好	好	一般	较差	较差	较差
甘肃	较小	较小	一般	一般	一般	较差	较差	较差	较差
青海	大	较大	大	较好	好	较好	较差	较差	较差
宁夏	一般	一般	一般	较好	较好	一般	较好	较好	较好
新疆	一般	较小	一般	较好	好	较好	较差	较差	较差

基于30个省份矿产资源开发评价数据与等级划分，本节归纳总结了全国省域层面矿产资源开发的总体特征，具体如表4-10所示。

表4-10　2017年我国矿产资源开发省域评价总体特征

省份	总体压力	总体状态	总体响应	总体情况
北京	较小	较差	较好	总体压力较小，总体响应较好，但是总体状态较差，需提高响应的效率
天津	较大	一般	较差	总体压力较大，总体响应较差，但总体状态为一般，需加大响应力度
河北	较小	较差	较差	总体压力较小，但总体响应较差，所以总体状态也较差，需加大响应力度
山西	一般	较好	较差	总体压力一般，但响应较差，总体状态为较好，需注意维持
内蒙古	较大	较好	较差	总体压力较大，总体响应较差，但是总体状态较好，需注意维持
辽宁	一般	较差	较好	总体压力一般，总体响应也较好，但总体状态较差，需提高响应效率
吉林	较小	较差	较差	总体压力较小，但是总体响应较差，所以总体状态较差，需加大响应力度
黑龙江	较小	较差	较好	总体压力较小，总体响应较好，但是总体状态较差，需提高响应效率
江苏	一般	较差	较差	总体压力一般，总体响应较差，总体状态也较差，需加大响应力度
浙江	较大	较差	较差	总体压力较大，总体响应较差，总体状态也较差，需要加大响应力度
安徽	较大	较好	较差	总体压力较大，总体响应较差，但是总体状态较好，需要注重维持
福建	较大	一般	较好	总体压力较大，总体响应较好，总体状态一般，响应力度有待进一步加大，响应效率需进一步提高
江西	一般	一般	较差	总体压力一般，总体响应较差，总体状态一般，响应力度仍需加大

省份	总体压力	总体状态	总体响应	总体情况
山东	较小	较差	较差	总体压力较小，总体响应较差，总体状态较差，需进一步加大响应力度
河南	较小	较差	较好	总体压力较小，总体响应较好，但总体状态较差，需提高响应效率
湖北	一般	较差	一般	总体压力一般，总体响应一般，但总体状态较差，响应力度有待加大，响应效率有待提高
湖南	较小	较差	一般	总体压力较小，总体响应一般，但总体状态较差，需进一步提高响应效率
广东	较大	较差	一般	总体压力较大，总体响应一般，总体状态较差，需加大响应力度
广西	较大	较差	较差	总体压力较大，总体响应较差，总体状态也较差，急需加大响应力度
海南	一般	较差	较差	总体压力一般，总体响应较差，所以总体状态也较差，需加大响应力度
重庆	一般	较差	一般	总体压力一般，总体响应一般，总体状态较差，响应力度和响应效率都有待改善
四川	较小	一般	较差	总体压力较小，总体响应较差，总体状态一般，需加大响应力度
贵州	较小	一般	较差	总体压力较小，总体响应较差，总体状态一般，需加大响应力度
云南	较小	较差	较差	总体压力较小，总体响应较差，总体状态也较差，需加大响应力度
西藏	较大	较好	一般	总体压力较大，总体响应一般，总体状态较好，需注重维持
陕西	一般	较好	较差	总体压力一般，总体响应较差，但总体状态较好，需加大响应力度，注重维持
甘肃	较小	一般	较差	总体压力较小，总体响应较差，总体状态一般，响应力度有待加大
青海	大	较好	较差	总体压力大，总体响应较差，但总体状态较好，需加大响应力度，注意维持
宁夏	一般	较好	较好	总体压力一般，总体响应较好，总体状态也较好，需提升响应效率，注重维持
新疆	一般	较好	较差	总体压力一般，总体响应较差，但总体状态较好，需注重维持

在本次评价的 30 个省份中总体状态较好的有 8 个，占比 26.67%，一般的省份有 6 个，占比 20%，较差的省份有 16 个，占比 53.33%。从地域上看，西北地区的总体状态较好，华北地区状态分布不均，东北地区总体状态较差，西南、华中、华东和华南地区总体情况也较差。

从资源开发状态来看，我国总体情况较差，呈现较为明显的区域类同的特点。西北地区较好，其余除个别地区外均处于较差的状态。资源开发状态较好及以上、一般和较差的省域占比分别为 20%、16.67% 和 63.33%。

从资源环境保护状态来看，各个地区情况分布不均匀。其中，天津、山西、安徽、福建、江西、四川、西藏、青海、新疆的状态较好或好，北京、河北、辽宁、吉林、黑龙江等地的状态较差。资源环境保护状态较好及以上、一般和较差的省域占比依次为 30%、23.33% 和 46.67%。

在压力方面，天津、内蒙古、浙江、安徽、福建、广东、广西、青海和西藏的总体压力为较大或大，资源开发和资源环境保护的压力在地区分布上基本各不相同。总体压力较大及以上、一般和较差的省域占比分别为 30%、33.33% 和 36.67%。

在资源开发压力方面，压力较大的省份主要集中在天津、内蒙古、浙江、广东、广西、海南、青海等经纬度跨度较大的地区，其余地区的资源开发压力多为较小。资源开发压力较大及以上、一般和较小的省域占比分别为 26.67%、20% 和 53.33%

在资源环境保护压力方面，除天津、河北、山西、山东、江西、西藏、青海、安徽和福建九个省份外，其余省份的压力均为一般。资源环境保护压力较大及以上、一般和较小的省域占比分别为 23.33%、70% 和 6.67%。

在响应方面，总体响应较好的主要有黑龙江、辽宁、北京和宁夏等省份，其余省份多数响应较差。总体响应较好、一般和较差的省域占比分别为 20%、16.67% 和 63.33%。

资源开发方面的响应力度在地区分布上和总体响应力度大体相似。西藏、宁夏、广东、北京和辽宁等省份响应较好，天津、山西、河南、海南、黑龙江、重庆、江西响应一般，其余省份的响应较差。资源开发响应较好、一般和较差的省域占比分别为 16.67%、23.33% 和 60%。

在资源环境保护响应方面，内蒙古、黑龙江、宁夏、福建、河南等省份响应较好，北京、西藏和广西响应一般，其余省份响应普遍较差。资源保护响应较好及以上、一般和较差的省域占比分别为 23.33%、10%

和 66.67%。

30 个省份矿产资源开发与环境保护的总体状态不容乐观，较差的占比在 50%以上，总体状态较好的省份主要集中在西北地区。

30 个省份的矿产资源开发与环境保护压力总体上来看较大及以上、一般和较差三个等级的省域占比基本持平。资源开发压力一般及以上和较小的省域占比较接近，但是资源环境保护压力一般及以上的省域占比在 90%以上，资源开发压力较大的省份分布较为零散。

30 个省份的矿产资源开发与环境保护总体的响应力度表现较差，总体响应较好的省域占比仅为 20%，没有一个省份响应处在好的等级。相对于压力来说，多数省份处于投入不足或者效率不高的状态。在资源开发响应和资源环境保护响应方面，大部分省份仍有很大的提升空间，而且各个省份在资源开发和资源环境保护方面的响应也各有侧重。

第五章

矿业权管理

第一节　矿业权管理内涵与外延

一、矿业权

(一)矿业权的定义

探矿权是指在依法取得的勘查许可证规定的范围内，勘查矿产资源的权利。取得勘查许可证的单位或者个人称为探矿权人。[①]

采矿权是指在依法取得的采矿许可证规定的范围内，开采矿产资源和获得所开采的矿产品的权利。取得采矿许可证的单位或者个人称为采矿权人。[②]

矿业权即矿产资源使用权，是探矿权和采矿权的合称，是指依法对国家所有的矿产资源享有勘查、开采及获得勘查成果和矿产品等收益的权利。

(二)物权法角度的矿业权

矿业权是受限物权，表现在以下四方面：

(1)矿业权必须经所有者批准。

(2)矿业权占用的时间和空间有一定限制。

(3)矿产资源的勘查开发必须按规定标准执行。

(4)使用矿产资源必须缴纳相关税费。

---

① 郗伟明．矿业权法律规制研究[M]．北京：法律出版社，2012.

② 吴微．WTO 原则与矿政管理[D]．哈尔滨：东北林业大学，2003.

第五章 | 矿业权管理

二、矿业权交易

(一)矿业权交易的定义

矿业权交易即县级以上人民政府自然资源主管部门出让矿业权和矿业权人转让矿业权的行为。

矿业权出让,即一级市场上的矿业权交易,是指自然资源主管部门根据矿业权审批权限,以招标、拍卖、挂牌、申请在先、协议等方式依法向探矿权申请人授予探矿权和以招标、拍卖、挂牌、探矿权转采矿权、协议等方式依法向采矿权申请人授予采矿权的行为。[①]

矿业权转让,即二级市场的矿业权交易,是指矿业权人将矿业权依法转移给他人的行为。

(二)矿业权交易的主体

矿业权交易主体是指依法参加矿业权交易的出让人、转让人、受让人、投标人、竞买人、中标人和竞得人。矿业权交易主体资质应符合法律、法规的有关规定。出让人是指自然资源主管部门;转让人是指已拥有合法矿业权的矿业权人;受让人是指符合探矿权、采矿权申请条件或受让条件的、能独立承担民事责任的法人;以招标方式出让、转让的,参与投标的各方为投标人,中标方为中标人;以拍卖和挂牌方式出让、转让的,参与竞拍和竞买的各方为竞买人,竞得方为竞得人。

三、矿业权管理

(一)矿业权管理的定义

国家行政管理机关为实现国家矿产资源所有权权益,保护矿业权人合法权利的基本要求,对探矿权、采矿权从有偿取得到注销的过程——探矿权、采矿权的申请、审批、授予、转让、延续、变更、注销等的行政管理。

---

① 参见《矿业权交易规则》。

— 73 —

（二）矿业权管理的主要内容

矿业权管理的主要内容包括以下七个：①

（1）界定矿业权的性质、时间与空间限制。

（2）设定取得矿业权的资格、条件和程序。

（3）界定矿业权人的权利和义务。

（4）受理矿业权申请、审批并授予矿业权。

（5）征收矿产资源权益金。

（6）矿业权转让、延续、变更和注销管理。

（7）保护矿业权人的合法权益。

第二节 矿业权出让管理

一、矿业权出让管理制度

（一）矿业权出让定义

矿业权出让是指登记管理机关以批准申请、招标、拍卖、挂牌、协议等方式向矿业权申请人授予矿业权的行为。供方为自然资源主管部门，需求方为矿业权申请人。

（二）矿业权出让审批管理

1.探矿权出让审批

国家对矿产资源勘查实行许可证制度。在中华人民共和国领域及其管辖海域勘查矿产资源，必须依法根据申请、审查批准、办理登记手续、领取勘查许可证等流程取得探矿权。我国对探矿权出让实行国家、省和市（县）三级审批登记管理制度（见表5-1）。

---

① 吴微.WTO原则与矿政管理[D].哈尔滨：东北林业大学，2003.

表 5-1   探矿权出让的分级审批权限

级别	探矿权出让分级审批权限
自然资源部	石油、天然气、煤成(层)气、放射性、钨、锡、锑、稀土矿产勘查
省自然资源厅	煤炭勘查区块面积大于 30 平方千米的勘查
市、县自然资源局	油页岩、金、银、铂、锰、铬、钴、铁、铜、铅、锌、铝、镍、钼、磷、钾、锶、铌、钽矿产勘查投资大于 500 万元人民币(含)的勘查项目

资料来源:矿产资源管理基本法律制度与矿产资源开发整合[EB/OL]. 2012. [2023-11-18]. 百度文库网,https://wenku.baidu.com/view/67bd9d49cf84b9d528ea7aa2.html.

2. 采矿权出让审批

我国对采矿权出让实行国家、省、市、县四级审批登记管理制度(见表 5-2)。自然资源部对大型、重要战略性矿产的采矿权出让进行审批管理,省级自然资源主管部门对部分重要矿产的采矿权出让进行审批管理,市级自然资源主管部门对部分重要、中小型矿产资源的采矿权出让进行审批管理,县级自然资源主管部门对其余矿产资源的采矿权出让进行审批管理。采矿权出让分级审批权限如表 5-2 所示。

表 5-2   采矿权出让分级审批权限

级别	采矿权出让分级审批权限
自然资源部	①石油、天然气、煤成(层)气、放射性矿产;煤[煤井田储量 1 亿吨(含)以上];钨、锡、锑、稀土矿床储量规模为中型(含)以上的;金、银、铂、锰、铬、钴、铁、铜、铅、锌、铝、镍、钼、磷、钾、锶、金刚石、铌、钽矿床储量规模大型以上的; ②跨省、直辖市的
省自然资源厅	①煤(煤井田储量 1 亿吨以下);钨、锡、锑、稀土矿床储量规模为小型以下的;金、银、铂、锰、铬、钴、铁、铜、铅、锌、铝、镍、钼、磷、钾、锶、金刚石、铌、钽矿床储量规模中型以下的;二氧化碳气、地热、硫、石棉、矿泉水、宝玉石、石煤、泥炭的开采;上述所列矿产以外的,储量规模为中型(含)以上的甲类矿产资源;只能用作普通建筑材料的砂、石、黏土,且储量规模为大型(含)以上的矿产资源; ②本省内矿区范围跨市(州)行政区域的

级别	采矿权出让分级审批权限
市级自然资源局	①前述所列 36 种以外的，储量规模为小型的甲类矿产资源；只能用作普通建筑材料的砂、石、黏土等储量规模为中型的矿产资源； ②本市(州)内矿区范围跨县级行政区域的
县级自然资源局	①前述所列 36 种以外的，零星分散的甲类矿产资源； ②只能用作普通建筑材料的砂、石、黏土等储量规模为小型(含)以下的矿产资源

资料来源：矿产资源管理基本法律制度与矿产资源开发整合［EB/OL］. 百度文库网，http://wenku. baidu. com.

3. 矿业权分级分类分型出让管理

矿业权出让管理具有分级分类分型特征，分类出让管理主要包括对竞争性出让、协议出让和申请在先出让三类矿业权出让方式的管理；分型出让管理主要指出让流程管理；分级出让管理是中央与地方之间和地方省、市、县级政府间的出让管理权限划分(见图 5-1)。

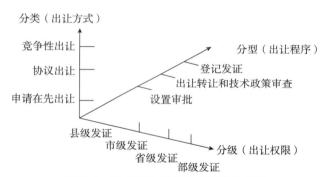

图 5-1　矿业权分级分类分型出让管理

资料来源：笔者根据资料整理。

二、矿业权出让管理演进历程

我国矿业权出让制度改革主要历经四个阶段。[①]

---

　①　刘登娟、李璞、李新、李颖 . 中国矿业权出让制度市场化改革回顾与展望［J］. 中国矿业，2019(9)：1-5, 11.

第一阶段(1949～1995年):国家无偿授予矿业权并限制其流转。1978年党的十一届三中全会提出要按经济规律办事,1985年地质勘查全行业提出地质成果商品化,1986年我国颁布实施《中华人民共和国矿产资源法》限制矿业权流转。这一阶段矿业权出让具有极强的政府行政垄断特征,矿业权无法像商品一样在市场流转。

第二阶段(1996～2002年):矿业权从无偿行政授予向有偿取得转变。国家确立矿业权有偿取得秩序,矿业权具有商品属性且可以在市场流转,但矿业权出让仍受政府规制主导,有偿行政授予为主、招标授予为辅,市场作用有限。

第三阶段(2003～2012年):矿业权出让向市场化配置转变。政府规范矿业权竞争性出让秩序,建设矿业权出让有形市场,招拍挂有偿出让为主、协议有偿出让为辅。

第四阶段(2013年至今):全面推进矿业权出让市场化配置改革。2015年《生态文明体制改革总体方案》提出"完善矿业权出让制度";2016年《全国矿产资源规划(2016—2020年)》提出"扩大矿业权竞争性出让范围,推进矿业权审批权限下放";2017年《矿业权出让制度改革方案》拉开试点推进矿业权出让制度改革的序幕,六个试点省(区)按照中央要求、结合本地实际积极推进矿业权出让制度改革的探索。

综观我国矿业权出让制度改革历程(见表5-3),矿业权出让经历了从无偿取得到有偿取得,出让类型从不分类出让到分类出让,管理手段逐步从政府行政性垄断转变为政府行政审批与市场竞争出让结合,再逐步向市场化配置为主转变[1]。

表 5-3　中国矿业权出让制度改革历程

演进阶段	管理手段	制度特征	重要法律法规
1949～1995年	政府行政垄断	国家无偿授予并禁止矿业权买卖	1950年《中华人民共和国矿业暂行条例》
			1986年《中华人民共和国矿产资源法》

---

① 刘登娟,李璞,李新等.中国矿业权出让制度市场化改革回顾与展望[J].中国矿业,2019,28(9):1-5,11.

续表

演进阶段	管理手段	制度特征	重要法律法规
1996~2002年	政府规制主导	确立和完善矿业权有偿取得制度	1996年《中华人民共和国矿产资源法》修订
			1998年《矿产资源勘查区块登记管理办法》
			1998年《矿产资源开采登记管理办法》
			2000年《矿业权出让转让管理暂行规定》
2003~2012年	政府规制与市场化配置结合	规范矿业权出让秩序、建设矿业权出让市场	2003年《探矿权采矿权招标拍卖挂牌管理办法(试行)》
			2006年《国土资源部关于进一步规范矿业权出让管理的通知》
			2010年《国土资源部关于建立健全矿业权有形市场的通知》
2013年至今	政府规制向市场化配置为主转变	全面推进矿业权市场化出让	2013年党的十八届三中全会《中共中央关于全面深化改革若干重大问题的决定》
			2015年《生态文明体制改革总体方案》
			2016年《全国矿产资源规划(2016—2020年)》
			2017年《矿业权交易规则》
			2017年《矿产资源权益金制度改革方案》
			2017年《矿业权出让制度改革方案》
			2018年《湖北省矿业权出让制度改革工作方案》
			2018年《江西省矿业权出让制度改革实施方案》
			2018年《贵州省矿业权出让制度改革试点实施方案》
			2020年《矿业权登记信息管理办法》
			《2022年陕西省自然资源厅矿业权出让登记工作规程(试行)》
			2022年《辽宁省矿产资源总体规划(2021—2025年)》
			2021年《海南省建设用地使用权网上交易规则(试行)》
			2022年《矿产资源节约和综合利用先进适用技术目录(2022年版)》
			2022年《"十四五"矿山安全生产规划》
			2023年《矿业权出让交易规则》

三、矿业权分类出让管理

矿业权出让方式分为非竞争方式和公开竞争方式。非竞争方式包括协议方式和申请在先登记；公开竞争方式包括公开招标、拍卖、挂牌（见图5-2）。

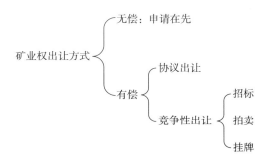

图 5-2　矿业权分类出让方式

（一）申请在先

1. 定义

矿业权批准申请出让是指登记管理机关通过审查批准矿业权申请人的申请，授予矿业权申请人矿业权的行为。

2. 适用条件

因法律法规和主管部门其他规定等特殊情况，不适宜以协议方式和招标、拍卖、挂牌方式出让的矿业权，在矿业权出让中构成一种先到先得的人对组织、下级对上级的矿业权出让方式，主要针对具有一定风险的矿种。此外，对国家统一管理的石油、天然气、铀、钍等矿产资源的勘探开采权利，主要通过申请登记获得。

3. 基本流程

申请在先方式无市场竞争，只有申请的先后，申请在先者得。其基本流程为：①确定申请采矿/探矿的范围；②确定矿业权是否可以申请；③准备公司营业执照、资金来源证明等，并生成探矿/采矿权申请书；④提交申请材料；⑤等待通知和公告。自然资源部的内部办事流程为受理—审查—审核—复核—签发—通知—发证—备案。

案例 5-1　宁夏中卫市 A 工程运输有限公司(以下简称 A 公司)与原国土资源部行政许可诉讼案

　　2005 年,A 公司拟在宁夏回族自治区中卫市一带进行煤炭详查工作,并向宁夏回族自治区中卫市国土资源局(以下简称"中卫市国土局")提出申请,2005 年 4 月 14 日中卫市国土局同意并上报宁夏回族自治区国土资源厅(以下简称"宁夏国土厅")。因本案探矿权申请应当由国土资源部颁发勘查许可证,故 A 公司于 2005 年 8 月 5 日向国土资源部提出申请。

　　2005 年 8 月 27 日,宁夏国土厅作出《关于开发司探矿权受理调查函的复函》(宁国土资函〔2005〕106 号,以下简称《宁夏国土厅 106 号复函》)称,宁夏中卫市 B 煤矿区位于中卫市黄河南岸的香山地区,1987 年宁夏地质调查所在此地进行过普查工作,2003 年 6 月宁夏国土厅委托宁夏地质调查院编写了《宁夏中卫县 B 煤矿区矿产资源储量报告》,并经宁夏矿产资源储量评审中心评审通过。宁夏回族自治区已将中卫市 B 煤矿区煤炭资源的勘查和开发列入自治区煤炭资源勘查专项规划。建议国土资源部不予受理和不予审批。

　　国土资源部收到上述复函后,认为该复函没有按照调查函的内容进行调查,责令宁夏国土厅重新调查。2006 年 2 月 9 日,宁夏国土厅作出《关于开发司探矿权受理调查函的复函》,主要内容有以下五个:

　　(1)A 公司的探矿权申请范围与宁夏国土厅颁发的油气探矿权"宁夏甘肃中宁南香山地区油气勘查"重叠,探矿权人为中国石油天然气股份有限公司,与宁夏回族自治区颁发的煤矿采矿权"中卫县 C 煤矿"重叠,采矿权人为 C 联营煤矿。

　　(2)2005 年 1 月,宁夏国土厅收到宁夏 D 造纸工业园区管理委员会的申请,拟对中卫市 B 矿区煤炭资源进行勘查开发,宁夏回族自治区领导作出批示。

　　(3)申请范围内过去由地方政府投资,地质部门在本区做过一些地质工作。

　　(4)申请范围内无省级矿产资源勘查专项规划划定的属于招标、拍卖和挂牌的勘查区块。

（5）中卫 B 煤矿区是宁夏回族自治区目前保存较完整的煤矿区之一，宁夏回族自治区党委、政府已确定将中卫市 B 煤矿区煤矿资源的勘查和开发列入宁夏回族自治区煤炭资源勘查专项规划。

2007 年 9 月 24 日，A 公司向国土资源部提出行政复议申请，要求尽快颁发勘查许可证。2008 年 1 月 22 日，国土资源部作出国土资复决字〔2008〕2 号行政复议决定，由矿产开发管理司代表该部在法定期限内对 A 公司探矿权登记申请作出是否准予登记的书面决定。

2008 年 2 月 14 日，国土资源部作出《探矿权申请不予受理通知书》认为，经与宁夏国土厅核查，A 公司申请的勘查区块内：

（1）与"宁夏甘肃中宁南香山地区油气勘查"和"中卫县 C 煤矿"重叠。

（2）2005 年 1 月已有单位向宁夏国土厅提交了煤炭探矿权申请。

（3）国家已做过地质勘查工作，2005 年 3 月提交了资源储量核实报告，2005 年 4 月通过评审。

（4）宁夏回族自治区政府已确定将中卫市 B 煤矿区煤炭资源的勘查和开发列入自治区煤炭资源勘查专项规划，宁夏国土厅建议不予受理。

资料来源：行政机关作出许可决定前应当充分听取申请人的意见〔EB/OL〕. 搜狐网，https：//www. sohu. com/a/402448056 - 120022396，2020-06-17.

问题 1：为什么国土资源部作出《探矿权申请不予受理通知书》？

问题 2：这则案例的管理启示是什么？

（二）协议

1. 定义

协议出让矿业权是主管部门依法申请批准出让矿业权的方式，是采矿权申请人申请获得批准，主管部门协商价格、服务年限、开采面积、支付方式和时间、开发利用要求等的过程，并在双方达成一致的前提下签订转让合同。①

————————

① 王清华. 矿山企业并购中用益物权的处置及相关的环保问题〔J〕. 中国矿业，2010（2）：39-42.

2. 适用条件

协议出让矿业权适用于因政策规定等特殊原因而不符合招标、拍卖或登记出让条件的矿业权。

3. 基本特征

①矿产资源部门必须通过集体会审、从严掌握。②有严格适用条件，目的是为特殊主体或者因特殊条件不适于以招拍挂方式出让的开发项目定向配置矿业权。③协议出让的探矿权、采矿权价款不得低于类似条件下的市场价格。④非市场出让，没有竞争者，一对一谈判。⑤既有行政审批要素，也有市场交易要素，是落实矿业权有偿取得制度的一种形式。⑥需与主管部门协商矿价、使用年限、矿区范围、付款方式和时间、开发利用要求等事宜。

4. 基本流程

协议出让无市场竞争，其基本流程为：①编制并公布出让计划；②接受意向用地者申请；③确定出让方式；④编制出让方案；⑤确定出让底价；⑥协议出让价格并签订出让合同；⑦公布出让结果。

(三) 招标

1. 定义

招标出让矿业权，是指具有相应审批发证权限的自然资源主管部门对矿业权招标项目编制招标文件，发布招标公告或邀请信，投标人取得招标文件，进行招标、评标、择优选定矿业权中标人的过程①。

2. 适用条件

招标出让方式适用于政策规定的大型、复杂的矿产地或者环境敏感地区。要求开发者不仅有足够的资金保证矿业开发最低投入，而且有较高的资质满足矿业开发的特殊要求。

3. 基本特征

(1)组织性。招标是一种有组织、有计划的商业交易活动，具备一定的规则、办法和程序。

(2)公开性。招标信息公开、开标程序公开、评标标准和程序公开、中

---

① 徐卫军. 完善矿业权招、拍、挂出让制度规范矿业权市场审批行为[J]. 中国矿业，2011，20(6)：40-42.

标结果公开。[①]

（3）公平性和公正性。招标全流程落实公平、公正原则。

（4）一次性。投标文件递交后，不得撤回或进行实质性条款的修改。

（5）规范性。从确定采购范围、招标方法、招标方式，到确定中标者和签订合同，招标过程的每个环节都有严格的标准化时间表和顺序。

（6）程序性。这些工作都是按照标准化的既定程序进行的，即编制招标文件—发布招标公告—提交投标书—开标—评估投标书—签订合同。

（7）竞争性。有序竞争，综合考评，择优选择中标人。

4. 基本流程

招标程序是指招标单位或委托招标单位开展招标活动的主要步骤、内容及操作顺序。其基本流程主要包括：①编制招标文件和标底；②制定评标、定标办法；③发出招标公告或招标邀请书，或请有关上级主管部门推荐、指定投标单位；④审查投标单位资格；⑤向合格的投标单位分发招标文件及其必要附件；⑥组织投标单位赴现场踏勘并主持招标文件答疑会；⑦按约定的时间、地点、方式接受标书；⑧主持开标并审查标书及其保函；⑨组织评标、决标活动；⑩发出中标与落标通知书，并与中标单位谈判，最终签订承包合同。[②]

（四）拍卖

1. 定义

矿业权拍卖是指自然资源部门会同相关许可和发证部门发布拍卖公告，拍卖参与者在规定的时间和地点公开竞价，根据拍卖结果确定矿业权所有者的活动。

2. 适用条件

拍卖出让方式适用于符合政策的矿产品市场活跃、竞买者众多且无特殊要求的矿业权出让。

3. 基本特征

（1）拍卖须有两个以上的买主。

---

① 李琳.企业工程建设招投标中存在的突出问题及应对措施探讨[J].企业改革与管理，2022（18）：174-176.

② 王文元.建筑工程招标投标基本知识80条[J].中国招标，2001(7)：61-75.

（2）拍卖必须有不断变动的价格。

（3）拍卖必须有公开竞争的行为，市场竞争激烈，价高者得。①

4. 基本流程

拍卖的一般程序包括以下三个：①准备阶段。拍卖行提供各种拍卖前的服务，进行宣传以扩大影响。②正式拍卖。正式拍卖是在规定的时间和地点，按照拍卖目录规定的次序逐笔喊价成交。③成交交货。拍卖成交后，买主即在成交确认书上签字，拍卖行分别向委托人和买主收取一定比例的佣金，佣金一般不超过成交价的 5%。②

案例 5-2　濉溪县蔡山煤矿部分资产成功拍卖

2005 年 8 月 26 日上午 9：30，安徽省双赢拍卖有限公司注册拍卖师董先生手中的木槌激动且漂亮地划了个弧线之后重击在拍卖台上。安徽省濉溪县破产企业蔡山煤矿在经过一番紧张的竞争后终于以 2200 万元这个高出参考价数百万元的价格成交。原安徽省濉溪县蔡山煤矿，系濉溪县国有煤矿，设计生产能力 21 万吨/年，设计服务年限 29 年。主井、风井等井巷工程于 1993 年完成，由于各种原因一直未能正常生产，该煤矿于 2004 年 12 月 13 日依法破产。该煤矿破产需变现的财产包括井巷工程、机电设备、地面构筑物等。由于该部分资产分布较散，整体变现有一定的难度，再加上是国有破产企业资产，能变现多少直接关系到原企业职工的安置情况，因此濉溪县人民政府及其他相关职能部门对此次资产变现给予了高度关注，专门挑选了安徽省双赢拍卖有限公司作为此次资产变现的拍卖人。该公司接受委托后，应采取以下五项措施：一是派员多次实地察看，核实拍卖标的；二是多渠道、多形式发布拍卖信息；三是积极、细致地接受咨询，并派员陪同实地察看标的物；四是拍卖师在拍卖会实施前，比较详细地了解各竞买人的相关情况，做到心里有底；五是周密组织拍卖会，使拍卖会如期开始。

当拍卖会开始后，由于拍卖师董先生对竞买人的心理事先做了分析并

---

① 李云飞. 晚清民国时期上海洋行艺术品拍卖研究［D］. 上海：华东师范大学，2016.

② 杨国丽. 山东 M 拍卖有限责任公司竞争战略研究［D］. 济南：山东大学，2010.

对相关情况进行了了解，时而朗声报价，时而静观举牌，在经过十几分钟的激烈角逐后，拍卖师终于在 2200 万元的价位上落槌(评估价为 1500万元)，此时拍卖会现场爆发出了雷鸣般的掌声。买受人脸上露出了胜利的笑容，委托方更是惊喜万分。濉溪县人民政府宋县长、县监察局宋局长、县煤炭管理局张局长等领导纷纷走向买受人向其表示祝贺。

濉溪县宋县长在拍卖会现场对此次拍卖会给予了高度肯定，认为安徽省双赢拍卖有限公司此次拍卖宣传有力、组织得当、拍卖师充分发挥拍卖技巧，最终使拍卖标的物在很理想的价位上成交，实现了多赢的局面。同时，此次拍卖也使濉溪县人民政府、县有关政府职能部门对拍卖有了更多的了解和更深刻的理解。

资料来源：安徽省双赢拍卖有限公司网站，http：//www. sy-ah. com/index. php？a＝show&c＝index&catid＝197&id＝38&m＝content。

问题 1：拍卖师在这次拍卖过程中扮演着什么样的角色，起到了什么样的作用？

问题 2：国有资产拍卖的形式一般有哪些？本案中采用的是什么形式？

(五)挂牌

1. 定义

挂牌出让矿业权是主管部门将拟出让矿业权的交易条件在矿业权交易场所挂牌公布，在公布期限内接受竞买人报价，根据挂牌期限截止时的出让价结果确定矿业权受让人的方式。

2. 适用条件

适用于矿产品市场不太活跃、预测竞买人数不多的矿业权出让。

3. 基本特征

在挂牌信息当中需要明确说明交易及竞价方式，通过公开征集产生两个及两个以上受让方时，应以挂牌信息中说明的竞价方式进行竞价，拍卖就是竞价方式的一种。该种矿业权出让有市场竞争，竞买人可多可少，价高者得。①

| 案例 5-3 | "情势变更"原则在解决采矿权出让合同纠纷中的应用 |

2007 年 9 月 15 日,济源市国土资源局发出公告,并予以公示,对包括位于济源市克井镇某处的采矿权进行公开挂牌出让。后张某栓以665000 元竞标成功,于 2007 年 10 月 22 日与市国土资源局签订了采矿权挂牌出让成交确认书,该确认书规定张某栓向市国土局交付履约定金。

该采矿权挂牌出让活动经河南省济源市 E 公证处现场监督公证。2007 年 10 月 30 日张某栓与市国土资源局签订了济挂 2007-011 号采矿权出让合同,合同约定市国土局将位于克井镇西许村北坡面为 5680 平方米、深度由 301 米到 276 米的建筑石料用灰岩矿区第一矿段的采矿权出让给张某栓,张某栓在合同签订当日须向市国土资源局交付 133000 元作为履行合同的定金,抵作采矿权出让金,合同签订后 7 日内,一次性缴纳采矿权出让金。该采矿权的期限为 2 年。

该采矿权出让合同第十九条违约责任约定,张某栓未按时交付出让金的,从滞纳之日起向张某栓按日加收迟延支付款项的 2‰的滞纳金,迟延付款超过 6 个月的,出让人有权解除合同收回采矿权且定金不予返还。

2007 年 11 月 22 日,孔山工业集聚区管理委员会下发了《关于孔山内采石类企业设定采矿权的建议》。12 月 24 日市国土资源局向张某栓下发通知书,通知张某栓于 2007 年 12 月 30 日前向市国土资源局交齐欠交的532000 元采矿权出让金。如果到期仍未交齐,将依照双方签订的采矿权出让合同中的第十九条执行。

2008 年 7 月 11 日,济源市人民政府办公室下发了济政办〔2008〕47号《关于加强工业集聚区规划建设管理的通知》,根据该文件张某栓竞标的西许建筑石料用灰岩矿区第一矿段,即位于孔山工业集聚区规划控制范围内。

2008 年 7 月 23 日,张某栓因该两份文件的下发向市国土资源局提出解除济采挂 2007-011 号采矿权出让合同申请,但当地国土资源局迟迟没

---

① 张平昭.深圳市金融资产交易所发展策略研究[D].武汉:中南财经政法大学,2021.

有答复。张某栓于 2009 年 1 月 5 日起诉至济源市人民法院，请求判令解除与市国土资源局签订的采矿权出让合同并要求市国土局返还其保证金 133000 元。

一审法院判决：

（1）解除张某栓与市国土资源局签订的济采挂 2007-011 号采矿权出让合同。

（2）市国土资源局于本判决生效后 10 日内返还张某栓履约定金 133000 元。

（3）案件受理费 2960 元，由市国土资源局负担。

市国土局不服原审判决，提出上诉，后二审法院驳回上诉，维持原判。

资料来源：找法网，https：//www.findlaw.cn/wenshu/a_5270645.html。

问题 1：结合本案例解释矿业权出让中"情势变更"的内涵。

问题 2：阐述本案例的管理启示。

四、矿业权分型出让管理

矿业权出让审批有许多特定程序，大体是设置审批、出让转让和技术政策审查、登记发证。

（一）申请在先出让基本流程

以申请在先的探矿权出让为例，其基本程序为申请，受理，会审，批准、通知，登记、颁证。

1. 申请

申请人向省国土资源厅提出探矿权申请，提交申请登记资料。

申请登记资料包括探矿权申请登记书，区块范围图，勘查范围图，申请人身份证明文件(事业单位法人证书或企业法人营业执照)，勘查单位地质勘查资格证书、勘查计划或勘查合同，勘查资金证明文件，勘查设计或实施方案，市、县(市)地质矿产主管部门意见。

2. 受理

提交资料有效、齐全，填写正确的，受理申请；否则，不予受理，退回申请。

3. 会审

登记管理机关内部有关处室根据各自的职责对勘查申请进行审查，提出意见，业务经办处室汇总后提交主管厅长审批。

4. 批准、通知

勘查申请经审查批准后，通知申请人领证。

5. 登记、领证

探矿权申请人在收到领证通知之日起三十日内，持领证通知到登记管理机关缴纳探矿权使用费（价款）和登记费，办理登记手续。登记管理机关向申请人颁发勘查许可证，申请人成为探矿权人。

（二）矿业权招标出让流程

矿业权招标出让流程如图 5-3 所示。

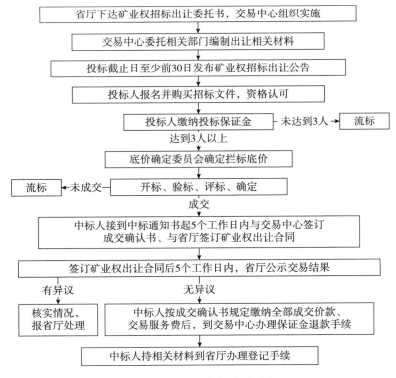

图 5-3 矿业权招标出让流程

(三)矿业权拍卖出让基本流程

矿业权拍卖出让的基本流程如图5-4所示。

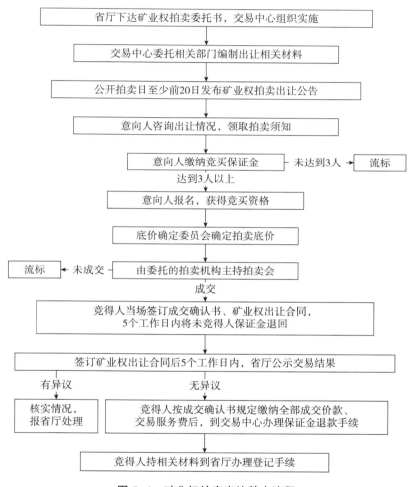

图 5-4 矿业权拍卖出让基本流程

(四)矿业权挂牌出让基本流程

矿业权挂牌出让的基本流程如图5-5所示。

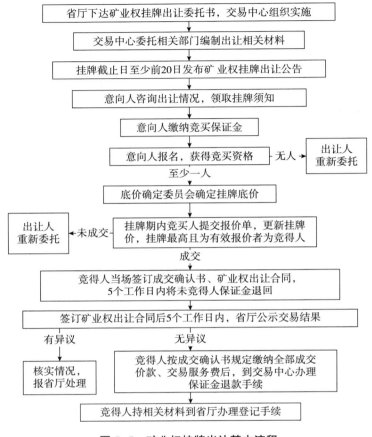

图 5-5 矿业权挂牌出让基本流程

第三节　矿业权转让管理

一、矿业权转让定义

矿业权的转让是矿业权人依法将矿业权再次以出售、作价出资、股权转让、出租、抵押、继承等形式让与他人的过程，供需双方为矿山企业。

二、矿业权转让的条件

（一）探矿权转让条件

转让探矿权，应当具备表5-4所列的条件。

表5-4　转让探矿权具备的条件

时间条件	申请变更以前通过申请、招标、拍卖、挂牌方式取得的非油气探矿权的申请主体，必须持有探矿权满2年，或者持有探矿权满1年，并提交普查级以上地质报告，经评审后进行资源储量评审登记。申请变更根据合同取得的非油气探矿权的主体，必须持有探矿权满10年；未满10年的，视为符合根据合同授予探矿权的要求和程序
投入条件	完成规定的最低勘查投入； 按照国家有关规定已经缴纳探矿权使用费、探矿权价款
其他条件	探矿权属无争议； 国务院地质矿产主管部门规定的其他条件； 转让国家出资勘查所形成的探矿权，必须进行评估

资料来源：孙莉．采矿权性质及制度完善研究［D］．北京：中国政法大学，2011．

（二）采矿权转让条件

转让采矿权，应当具备表5-5所列的条件。

表5-5　转让采矿权具备的条件

时间条件	矿山企业投入采矿生产满1年
投入条件	按照国家有关规定已经缴纳采矿权使用费、采矿权价款、矿产资源补偿费和资源税
其他条件	采矿权属无争议； 国务院地质矿产主管部门规定的其他条件； 国有矿山企业在申请转让采矿权前，应当持矿山企业主管部门同意转让变更采矿权的批准文件； 转让国家出资勘查所形成的采矿权，必须进行评估

禁止条件	有下列情形之一的采矿权不得办理转让变更登记： ①采矿权部分转让变更的；②同一矿业权人存在重叠的矿业权单独转让变更的；③采矿权处于抵押备案状态且未经抵押权人同意的；④未按要求缴纳出让收益（价款）等费用，未完成矿山地质环境恢复治理义务的；⑤采矿权被国土资源主管部门立案查处，或法院、公安、监察等机关通知不得转让变更的；⑥除母公司和全资子公司之间的采矿权转让变更外，以协议出让方式取得的采矿权未满10年不得转让变更，确需转让变更的，按协议出让采矿权要件要求及程序办理

资料来源：灵石. 法律对煤矿企业转让的特殊规定［EB/OL］. https：//wenku. so. com/d/daze 040507144092ed8650ecaod3b518？src=ob_zz-juhe360wenku，2009-08-04. 王明宏. 矿业权流转中民事刑事责任风险防范［J］. 中国国土资源经济，2018（11）：4-9.

三、矿业权转让方式

矿业权的转让方式是多种多样的，《矿业权出让转让管理暂行规定》第六条明确，矿业权人可以依照本办法的规定采取出售、作价出资、合作勘查或开采、上市等方式依法转让矿业权。转让双方应按规定到原登记发证机关办理矿业权变更登记手续。受让方为外商投资矿山企业的，应到具有外商投资矿山企业发证权的登记管理机关办理变更登记手续。矿业权人可以依照本办法的规定出租、抵押矿业权。但我国法律规定矿业权原则上不得部分转让，需要部分出售矿业权的，必须在申请出售前向登记管理机关提出分立矿业权的申请，经批准并办理矿业权变更登记手续。①

（一）出售

1. 定义

矿业权出售是指矿业权人依法将矿业权出卖给他人进行勘查、开采矿产资源的行为。

2. 基本特征

（1）在出售矿业权，或建立合作，又或联合法律实体勘探和开采矿产资源的情况下，应提交矿业权转让审批和矿业权变更登记申请。在出售部分

---

① 矿业权转让［EB/OL］.（2014-02-10）［2023-11-18］. 道客巴巴网，https：//www.doc88.com/p-7983700330523. html.

矿产权的情况下，应在提交出售申请之前向登记机关提交矿产权分配申请，申请得到批准后，完成矿业权变更登记手续。

（2）转让人必须已经依法取得矿业权，即其必须是合法的探矿权人、采矿权人。

（3）受让人应具备符合法律规定的资质条件，即要有足够的资金，也要有与勘查或采矿活动相适应的技术、人员和设备。

3. 基本流程

矿业权转让必须依法批准，并履行相应程序。首先，转让人和受让人依法签订矿业权转让合同，向转让审批机关提出申请并办理审批手续。其次，审批管理机关根据相关法律法规对矿业权转让进行审查，批准后方可转让，并办理探矿权、采矿权变更登记。没有经过有权登记管理机关审批同意的，矿业权不发生流转的法律效力。

4. 申报材料

（1）探矿权转让申报材料。各地申报材料略为不同，参照自然资源部《探矿权变更登记(非油气类)服务指南》，自然资源部颁发勘查许可证的探矿权转让审批所需材料如表5-6所示。

表5-6　自然资源部颁发勘查许可证的探矿权转让审批所需材料

1	探矿权变更申请登记书(探矿权受让人提交)
2	探矿权转让申请书(探矿权人提交，若申请人无上级主管部门，则应提交关于无上级主管部门、无国有股份的承诺书)
3	探矿权转让合同书
4	勘查工作计划、勘查合同或者委托勘查的文件
5	勘查实施方案和评审意见书
6	勘查项目资金来源文件
7	转让人与受让人的企业营业执照副本或事业单位法人证书(加盖单位公章)
8	省级自然资源主管部门意见
9	矿业权出让收益(价款)缴纳或有偿处置材料
10	勘查许可证
11	经评审备案的普查以上工作程度的地质报告(以申请在先、招标、拍卖、挂牌方式取得的探矿权，设立时间满1年但未满2年的勘查项目)
12	协议出让相关材料(仅限于协议出让未满10年的勘查项目)
13	互不影响和权益保护协议或不影响已设油气探矿权人权益承诺

（2）采矿权转让申报材料。各地申报材料略为不同，参照自然资源部《采矿权转让（变更）登记（非油气类）服务指南》，自然资源部颁发采矿许可证的采矿权转让审批所需材料如表5-7所示。

表5-7　自然资源部颁发采矿许可证的采矿权转让审批所需材料

1	采矿权转让申请书（附电子报盘）
2	采矿权变更申请登记书（附电子报盘）
3	采矿许可证正、副本
4	省级自然资源主管部门意见（由省级自然资源主管部门通过"自然资源部远程申报系统"直接传输至部政务大厅）
5	矿山投产满1年的证明材料（由省级自然资源主管部门核查意见中注明）
6	转让人及受让人企业营业执照副本
7	转让人与受让人签订的采矿权转让合同（应包含土地复垦等其他法定义务转移的相关内容）
8	矿业权出让收益（价款）缴纳或有偿处置材料
9	经评审备案的储量评审意见书、变更后的矿产资源储量说明
10	矿山企业主管部门同意转让的意见（仅限于涉及国有资产企业申请转让变更的）
11	外商投资企业批准证书（仅限于采矿权受让人为外商的）
12	互不影响和权益保护协议

5. 审批和生效

审批（见图5-6）机关应当自收到转让申请之日起40日内，作出准予转让或者不准转让的决定，并通知转让人和受让人。准予转让的，转让人和受让人应当自收到批准转让通知之日起60日内，到原发证机关办理变更登记手续；受让人按照国家规定缴纳有关费用后，领取勘查许可证或者采矿许可证，成为探矿权人或者采矿权人。

（二）出租

1. 定义

矿业权人作为出租人将矿业权租赁给承租人，并向承租人收取租金的行为。矿业权出租应当符合国家法律法规规定的矿业权转让的条件。矿业权人在矿业权出租期间继续履行矿业权人的法定义务并承担法律责任。

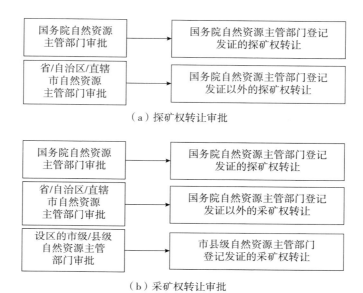

（a）探矿权转让审批

（b）采矿权转让审批

图5-6 探矿权、采矿权转让审批

2. 基本特征

（1）由国家出资勘查形成的采矿权租赁，按照采矿权转让规定进行评估确认，并按照有关规定分配采矿权使用报酬。

（2）租赁的采矿权不得出让、联营、联合、上市交易或抵押。

（3）矿业权人申请租赁矿业权时应向登记管理机关提交以下五个材料：①出租申请书；②矿业权许可证复印件；③矿业权租赁合同书；④承租人的资质条件证明或营业执照；⑤登记管理机关要求提交的其他有关资料。

（4）矿业权租赁合同应包括以下八个主要内容：①出租人、承租人的名称，法定代表人的姓名、注册地址或住所；②租赁矿业权的名称、许可证号、发证机关、有效期，矿业权范围坐标、面积、矿种；③租赁期限、用途；④租金数额，缴纳方式；⑤租赁双方的权利和义务；⑥合同生效期限；⑦争议解决方式；⑧违约责任。

（5）矿业权承租人不得再行转租矿业权。

（6）采矿权的承租人在开采过程中，需要改变开采方式和主矿种的，必须由出租人报经登记管理机关批准并办理变更登记手续。

（7）采矿权人被依法吊销采矿许可证时，由此产生的后果由责任方承担。

（8）租赁关系终止后的法定期限内，出租人应向登记管理机关申请办理注销出租手续。

3. 基本流程

《矿业权出让转让管理暂行规定》第三十六条：矿业权转让是指矿业权人将矿业权转移的行为，包括出售、作价出资、合作、重组改制等。矿业权的出租、抵押，按照矿业权转让的条件和程序进行管理，由原发证机关审查批准。具体流程包括以下三个：

（1）出租人和承租人依法签订矿业权租赁合同。

（2）向转让审批机关提出申请，并办理审批手续。

（3）审批管理机关审查批准后，方可出租，并办理探矿权采矿权变更登记。没有经过有权登记管理机关审批同意的矿业权不发生流转的法律效力。

4. 注意事项

矿业权人作为出租人将矿业权租赁给承租人，并向承租人收取租金。

（1）矿业权承租人，应当具备相应的资质条件。

（2）矿业权出租应当符合国务院规定的转让条件，由原发证机关审查批准。

（3）出租国家出资勘查形成的采矿权的，应按照采矿权转让的规定进行评估、确认，采矿权价款按有关规定进行处置。

（4）矿业权人申请出租矿业权时应向登记管理机关提交出租申请书、许可证复印件、矿业权租赁合同书、承租人的资质条件证明或营业执照、登记管理机关要求提交的其他有关资料。

（5）矿业权承租人不得再行转租矿业权。

（6）已出租的采矿权不得出售、合资、合作、上市和设定抵押。

（7）采矿权的承租人在开采过程中，需要改变开采方式和主矿种的，必须由出租人报经登记管理机关批准并办理变更登记手续。

（8）租赁关系终止后的 20 日内，出租人应向登记管理机关申请办理注销出租手续。[①]

---

① 孙莉. 采矿权性质及制度完善研究[D]. 北京：中国政法大学, 2011.

案例 5-4　矿业权出租

2007 年 3 月 23 日，F 公司与唐某辉签订了租用协议书，由唐某辉租赁 F 公司煤矿采点进行生产经营，租赁期限为两年，自 2007 年 3 月 1 日起至 2009 年 3 月 1 日止；租用实行大包干方式，即确定缴纳租赁生产地段的总额，唐某辉自负盈亏，同时唐某辉是安全生产第一责任人；在签订协议时唐某辉必须先交清当年租用费用，同时在生产的第 10 个月，预先交清第二年费用，如果不执行视为违约，应停止生产，退出生产场地。唐某辉自行承担应交的全部税款、矿产资源补偿费、维简费、临时暂住费、治安费、劳务费、人员劳动保险费、森林植被费、有偿使用的土地资源税。

后签订补充约定：自合同履行后，唐某辉在 2007 年度完成国税 18 万元左右，最少不得低于 15 万元；唐某辉欠 F 公司 2007 年度承包费 10 万元最迟于 2007 年 6 月底以前付清。2007 年 8 月 26 日，唐某辉向 F 公司交纳税金 14 万元，2008 年 6 月 9 日，唐某辉向 F 公司交纳承包费 10 万元、税金 16 万元。

2010 年 5 月 25 日，石嘴山市国家税务局、地方税务局对 F 公司 2008 年度纳税情况进行检查时发现存在偷税行为，遂对 F 公司进行了处罚，责令 F 公司除补缴增值税 1696025.80 元外，并处所偷税款 50% 的罚款，罚款金额为 848012.90 元，共计 2544038.70 元。

F 公司认为由于唐某辉在承包 F 公司煤矿期间存在偷税行为，导致 F 公司替唐某辉补缴了税款和罚款，为此诉至法院，请求判令唐某辉返还 F 公司代为垫付的各项税款、罚款及费用，共计 1648748.90 元，并由唐某辉承担本案诉讼费用。

一审判决：租用协议书是双方协议将采矿权以承包的形式予以转让，因此本案应属于采矿权转让合同纠纷。F 公司与唐某辉签订的租用协议书至今因未经有关部门批准而不生效，即该协议未产生法律效力，F 公司与唐某辉均不受其约束。因此，F 公司以该协议中"被告自行承担租赁期间全部税费"的约定向被告主张其代被告补缴的各项税款无合法依据；驳回 F 公司的诉讼请求；F 公司要求唐某辉返还其代为垫付的各项税款、罚款及费用共计 1648748.90 元的诉讼请求不予支持；案件受理费 19639 元，财产保全费 3400 元，由 F 公司负担。

二审判决：由于唐某辉在 F 公司出租的煤矿采区事实上进行了煤炭开采及销售煤炭的经营行为，本案案由应定为企业承包合同纠纷，应当依据《中华人民共和国合同法》关于无效合同的法律后果来认定双方应承担的法律责任。唐某辉于本判决生效后十日内支付 F 公司为其代缴的增值税 167934.31 元，税务机关罚款 159815.67 元，滞纳金 68241.30 元，合计 395991.28 元；一审案件受理费 19639 元，二审案件受理费 19639 元，共计 39278 元，由 F 公司负担 29843 元，唐某辉负担 9435 元；一审财产保全费 3400 元，由唐某辉负担。

资料来源：天眼查，https：//susong.tianyancha.com/b048f6e41cbb11e6 b554008cfae40dc0。

问题 1：涉案租用协议书是否具有法律效力？

问题 2：这则案例的管理启示是什么？

(三) 合作

1. 定义

《矿业权出让转让管理暂行规定》第四十二条规定，合作勘查或合作开采经营是指矿业权人引进他人资金、技术、管理等，通过签订合作合同约定权利义务，共同勘查、开采矿产资源的行为。

2. 基本特征

《矿业权出让转让管理暂行规定》将矿业权的合作分为法人型合作和非法人型合作。对于法人型合作，合作双方需办理矿业权转让的审批和将矿业权变更登记至合作法人名下的手续；对于非法人型合作，仅规定合作双方在签订合作或合资合同后，应当将相应的合同向登记管理机关备案。

只有因与他人合资、合作经营而需要变更采矿权主体的，才需要按照采矿权转让的规定进行审批，并办理采矿权的变更登记手续，而对于不需要变更采矿权主体的合作开采，则不应当视为采矿权的转让。契约型合作不产生合作企业，不改变采矿权的范围，不应视为采矿权的转让，合作双方当然不需要按照采矿权转让的条件和程序进行审批，自然资源部门也不需要对合作一方的采矿权进行资格对价。

3. 申请资料

不管是何种形式的探矿权、采矿权转让，转让双方都必须向登记管理机关提出申请，经审查批准后办理变更登记手续。采矿权人不得将采矿权以承包等方式转给他人。

探矿权、采矿权合作应提交的申请资料：

（1）合作申请书。

（2）转让人与受让人签订的合作合同。

（3）受让人资质条件的证明文件。

（4）转让人具备转让条件的证明文件。

（5）矿产资源勘查或开采情况报告。

（6）转让国家出资形成的探矿权、采矿权的，还应提交探矿权、采矿权评估结果和确认书。

（7）国有企业转让合作探矿权、采矿权的，提交有关主管部门同意转让的批准文件。

（8）转让的探矿权、采矿权为再次转让的，提交上一次转让审批文件的复印件。

（9）探矿权、采矿权合作审批机关要求提供的其他有关资料。

4. 注意事项

（1）如果勘探权或采矿权的持有人重组上市公司，那么勘探权或采矿权可作为上市公司资本的一部分进行估值，或将勘探权或采矿权转让给上市公司，以便向公司披露，但在允许转让和登记变更之前，必须对勘探权或采矿权进行全面估值，并将勘探权或采矿权的估值结果告知上市公司。矿业股份公司在境外证券交易所上市的，可以按照上市地国家的规定，通过境外机构对探矿权、采矿权进行评估，但评估报告必须报自然资源主管部门。

（2）通过设立合作、合资法人勘查、开采矿产资源的，应申请办理探矿权、采矿权转让审批和变更登记手续。

（3）不设立合作、合资法人勘查或开采矿产资源的，在签订合资或合作合同后，应当将相应的合同向登记管理机关备案。

（4）采矿权申请人领取采矿许可证后，因与他人合资、合作进行采矿而设立新企业的，可不受投入采矿生产满一年的限制。

案例 5-5　矿业权合作开采

甲公司拥有某金矿的探矿权。2008 年 12 月，甲公司将矿区范围内的资源分为几块，分别与黄某等 8 个人（合称乙方）签订了联合勘探矿产资源协议书，双方约定"共同勘探、开采该矿区""自主经营""原矿按比例分成"等。

2009 年 6 月甲公司出售并与丙公司签订了探矿权转让合同，办理了转让变更登记。丙公司取得探矿权后要求乙方撤出矿区，但乙方实际上已经私下认为该矿转让给他们，甲公司未经沟通协商，私下将该矿转让给第三方，给其造成巨大经济损失，所以派人死守矿山，阻止任何人进驻该矿区，要求继续勘探、开采或赔偿高额损失，甲公司认为赔偿不合理并玩起了失踪，乙方纠集人员群体上访。

资料来源：个人图书馆，http://www.360doc.com/document/12/0517/14/9989844_211653994.shtml。

问题 1：案例中矿业权转让的流程是什么？满足规定吗？

问题 2：案例中的经济冲突是什么？启示是什么？

（四）作价出资

1. 定义

矿产权人依法将矿产权作价后，作为资产投入企业，并按出资额行使相应权利，履行相应义务的行为。

2. 基本特征

非货币财产的出资金额以具备资质的评估机构的评估值为准。实物作价出资方式是指股东对公司的投资是以实物形态进行的，并且实物构成公司资产的主体。实物必须是公司生产经营所必需的建筑物、设备、原材料或者其他物资[①]，非公司生产经营活动所需要的物资，不得作为实物入股公司。根据公司法的规定，以实物出资的，应当到有关部门办理转移财产的法定手续。对于实物出资，必须评估作价，核实财产，不得高估或者低

---

① 郭普杰，尹贵彬．股东虚假出资的认定及责任浅析[J]．商，2013（3）：128.

估作价。对于国家行政事业单位、社会团体、企业以国有资产为实物出资的，实物作价结果应由国有资产管理部门核资、确认。① 股东以实物作价出资，应在办理公司登记时办理实物出资的转移手续，并由有关验资机构验证。

3. 基本流程

（1）主管机关审批。以矿业权出资时，向审批机关提交采矿权变更及变更履行完毕的相关法律文件。

（2）作价评估。以矿业权出资时，需要聘请具有矿权评估资质的评估机构对矿业权的价值进行评估，并出具获得矿产资源主管部门核准的矿业权评估报告。

（3）验资。在上述程序履行完毕后，需要聘请会计师事务所依据经核准的采矿权评估报告出具验资报告，同时采矿权的价值不能超过公司注册资本的70%（具体各地的情况不完全一样，大致基于现金出资不得低于公司注册资本30%的相关规定来判断和确定）。

（4）办理登记。包括变更探矿权人或采矿权人的登记手续及工商登记手续。就以矿业权出资最终实现矿业权的转移来看，登记对于矿业权出资产生着生效要件的作用，只有经过登记，接受投资的公司才能够取得完整的矿业权，出资人的出资义务才算完成。②

案例5-6　矿业权作价出资

案例一：2002年6月，甲、乙签订关于成立A矿业有限责任公司及合作事宜的合同，双方约定甲以B贸易有限责任公司的采矿权投资入股，乙以现金入股，共同组建A公司，B公司名下的采矿权变更过户到A公司名下，采矿权过户后B公司注销。同年7月，A公司成立并取得开采许可证。2003年4月，B公司股东召开股东会议决定恢复B公司，重新经营。就采矿权的归属和公司股权份额的确定双方发生争议并诉至法院。经

---

① 刘磊. 浅析公司设立中的非货币出资制度[D]. 济南：山东大学，2010.

② 薄燕娜. 矿业权作价出资入股初探[J]. 中国地质大学学报(社会科学版)，2010，10(3)：62-68.

过法院调解，双方当事人达成协议：A 公司支付 208 万元给 B 公司，B 公司放弃采矿权；甲退出 A 公司，乙以 60 万元收购甲在 A 公司的股份。

案例二：1998 年，甲某等 4 人联合组建一煤矿，2005 年两名股东将其股份转让给第三人，并按照规定完成股东变更手续。2006 年，煤矿安全监察局在年检时发现该煤矿控股股东变更，遂以非法擅自转让采矿权为由，撤销了该公司的采矿权。公司就此提起行政诉讼，但其诉讼请求未得到法院支持。

资料来源：田峰. 论矿产资源使用权作价出资[J]. 中国国土资源经济，2013，26(10)：45-48.

问题 1：案例一和案例二的矿产资源使用权变更方式的不同点是什么？

问题 2：为什么类似的行为却导致了不同的结果？

问题 3：如何解决双方在之后的合作过程中对于矿产资源使用权的归属和公司股权份额等问题发生的纠纷？

(五) 抵押

1. 定义

矿业权抵押是指矿山企业不转移所有权，而仅将矿业权作为抵押标的物向债权人进行抵押担保以期获取相应借款的行为。矿业权抵押作为矿业资本市场金融体系的重要补充，可以在很大程度上同时满足矿山企业的开发活动需要和融资需求。[①]

2. 基本特征

近几年市场主体的融资需求较大，扩大了抵押标的范围，使抵押物不再局限于传统意义上的动产或不动产等有体物，某些权利在满足既定条件的情况时也可以成为抵押标的进行担保活动。

(1)矿业权抵押的存在效力具有不确定性。

(2)矿业权抵押的价值具有不确定性。

(3)矿业权抵押的实现情形具有不确定性。

---

① 刘路杨. 矿业权抵押制度研究[D]. 重庆：重庆大学，2020.

3. 具备条件

矿业权抵押需要以下五个条件：

(1)采矿权权属无争议。

(2)采矿权价款/出让收益已缴清，若涉及。

(3)采矿权未被法定机关查处、查封、扣押。

(4)采矿权抵押期没有超过采矿许可证有效期。

(5)采矿权未处于抵押备案状态或债权人间就受偿关系达成协议等。①

在法律规定的期限内，矿业权持有人在解除矿业权抵押后，必须书面通知颁发原始许可证的部门。如果债务人违约，债权人有权要求解除抵押，并依法从开发权收益中获得赔偿。

案例 5-7 矿业权抵押转让案例

某矿山企业，2005 年为盘活资金以该企业铜矿采矿权为抵押向银行贷款，银行由于是第一次办理此类抵押物贷款，因此进行了较为详细的审查，后银行在审查采矿许可证时发现该采矿权已经被出租给另一家企业，故拒绝了该企业的贷款申请。

一年后，该企业又以同一采矿权为抵押向另一家银行贷款，并声明该采矿权出租期满，出租合同已经解除，银行经审查发现该企业声明属实，按规定为其办理了贷款。

2007 年，矿山企业因经营不善无力按时还款，银行在准备实现抵押权前向当地自然资源管理部门咨询，发现受让采矿权方必须具有相关条件和资质，对如何实现抵押权产生了疑问，现提出以下问题。

资料来源：探矿权采矿权如何抵押[EB/OL]. (2019-01-10)[2023-11-18]. 矿道网，http://www.mining120.com.

问题 1：采矿权能否抵押，在抵押时，有何特别要求？

问题 2：已经出租的采矿权能否设置抵押权？

问题 3：银行如何才能实现抵押权？

---

① 何艳丽. 采矿权转让法律制度研究与重构[D]. 成都：西南财经大学，2010.

四、矿业权转让流程

(一)申请

申请转让探矿权、采矿权的,审批管理机关应当自收到转让申请之日起 40 日内,作出准予转让或者不准转让的决定,并通知转让人和受让人。批准转让的,转让合同自批准之日起生效;不准转让的,审批管理机关应当说明理由。①

(二)交易

依据《自然资源部关于推进矿产资源管理改革若干事项的意见(试行)》(自然资规〔2019〕7 号)、《国土资源部关于印发〈矿业权交易规则〉的通知》(国土资规〔2017〕7 号)、《自然资源部关于调整〈矿业权交易规则〉有关规定的通知》(自然资发〔2018〕175 号)等规定,在以招标、拍卖、挂牌方式竞争出让矿业权的过程中,应遵循以下六个工作流程:①委托公共资源交易平台;②编制出让文件并发布出让公告;③审核确认竞买人资格;④确定及公示交易结果;⑤签订矿业权出让合同;⑥办理矿业权登记手续。

矿业权转让必须在矿业权交易机构提供的固定交易场所或矿业权交易机构提供的互联网络交易平台上鉴证和公示。矿业权转让交易的具体流程如图 5-7 所示。

(三)采矿权转让合同的生效问题

矿业权转让的当事人须依法签订矿业权转让合同。依转让方式的不同,转让合同可以是出售转让合同、合资转让合同或合作转让合同。国务院制定的《探矿权采矿权转让管理办法》第十条明确规定:批准转让的,转让合同自批准之日起生效。未经自然资源管理部门批准,矿业权转让合同是不能生效的。②

----

① 孙莉 . 采矿权性质及制度完善研究[D]. 北京:中国政法大学,2011.
② 范小强 . 采矿权转让合同的补充协议何时生效[J]. 中国有色金属,2017(14):66-67.

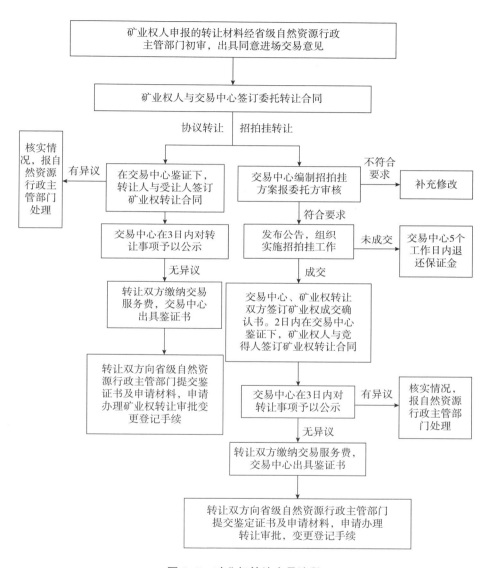

图 5-7　矿业权转让交易流程

资料来源：北京产权交易所。

第四节 矿业权市场管理

一、矿业权市场的内涵与外延

(一)矿业权市场定义

矿业权市场是指因矿业权交易产生和形成的经济关系和行为的总和。矿业权市场包括国家出让矿业权的一级市场和矿业权人之间转让矿业权的二级市场(见图 5-8)。

目前,除以申请在先方式出让探矿权、探矿权转采矿权和协议出让矿业权外,以招标、拍卖、挂牌方式出让矿业权及矿业权转让,均需通过矿业权交易机构(矿业权市场)公开交易。[①]

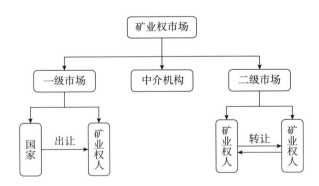

图 5-8 矿业权市场构成

资料来源:李涛. 矿业权二级市场建设模式与交易机制研究[D]. 北京:中国地质大学,2008.

---

① 李春蕾,邬盛. 基于价值补偿理论的我国矿业权交易市场发展分析[J]. 商业时代,2011(34):121-122.

（二）矿业权市场建立的重要意义

（1）维护矿产资源的国家所有者权益。
（2）矿产资源的保护、合理开发与利用。
（3）促进矿业资本市场的形成与发展。
（4）促进矿业经济的发展：①建立矿业权市场能使矿产勘查资源得到优化配置；②矿业权市场内通过公平的竞争进行优胜劣汰；③矿业权市场可以使各种专业的勘查资源得到最充分的利用，从而有效地调整勘查资源的配置，避免某些工程手段因过度投资或不足而导致产能过剩或短缺的现象；④矿业权的市场化配置能体现矿产资源分配的公平、公正，防止单纯行政分配产生的种种弊端。

（三）矿业权市场运行机制

1. 矿业权基础定价机制
由专门机构和人员依据国家法律、法规和有关技术经济资料，在确定的评估条件下，对某一时点矿业权的价值进行评定和估算。[①]
2. 矿业权交易机制
构成矿业权市场交易的四个基本要素：需求、供给、以价格为核心的各种市场信号、作为市场活动主体的企业和从事经济活动的个人。[②]
引入竞争机制，发挥市场的作用，采用招标、拍卖等方式授予矿业权。
3. 矿业权信息披露机制
以自然资源部为中心，组建各省矿业权交易中心，对接土地、矿业权信息系统，使矿业权市场信息及时、准确、标准地披露。

二、我国矿业权市场建设历程与成就

（一）第一阶段：矿业权市场雏形的形成（1996年以前）

中国是世界上较早开采利用铁、铜、金、银、石油、煤、制陶黏土的

---

① 孟刚，夏佐铎，姚书振. 我国矿业权市场运行机制研究[J]. 中国国土资源经济，2012，25（10）：29-30，38，55.
② 王春秀. 矿业权市场及矿业权价值评估研究[D]. 昆明：昆明理工大学，2003.

国家，也是世界上较早由政府管理矿产资源的国家。1898 年清政府颁布《矿务铁路公共章程二十二条》；1907 年清政府颁布《大清矿务章程》，规定："凡矿产悉为国家所有，非经官准，不得私相接受"；1914 年《中华民国矿业条例》，规定："矿业权视为物权，准用关于不动产诸法律之规定"，"采矿权可以用作押借债之标的，可以被出售或被变卖"；1930 年《中华民国矿业法》出台，成为我国近代史上第一部较完整的矿产法律；1950 年《中华人民共和国矿业暂行条例》颁布，规定"全国矿藏，均为国有"；1986 年《中华人民共和国矿产资源法》颁布，成为中华人民共和国成立后的第一部矿产资源专门法，我国真正结束了矿产资源管理无法可依的历史，该法规定"采矿权不得买卖、出租，不得用作抵押"；1996 年中华人民共和国第八届全国人大常委会第二十一次会议通过了《关于修改〈中华人民共和国矿产资源法〉的决定》，我国对矿产资源法做出了重要修改，规定了探矿权、采矿权有偿取得和依法转让的制度，还原了矿业权是财产权的属性，初步构建了市场经济条件下矿业权管理的框架，标志着矿业权市场雏形的形成。矿业权市场雏形的形成是矿业权市场发展的一大步，但是矿产资源法对矿产资源的转让仍有诸多限制，刚刚起步的矿业权市场的局限也非常明显。1998 年前，中国矿业权的出让交易方式主要是申请审批和无偿取得。

(二) 第二阶段：矿业权市场的发展 (1997~2004 年)

1998 年，矿产资源法的三个配套法规《矿产资源勘查区块登记管理办法》《矿产资源开采登记管理办法》和《探矿权采矿权转让管理办法》相继出台，规定了探矿权、采矿权可以通过招标、投标的方式有偿取得，且探矿权、采矿权经批准可依法转让。三个法规的颁布实施，标志着我国加快了矿业权市场的建设步伐。

1998 年浙江省率先进行了矿产权招标出让；1999 年国土资源部组织的海南不磨金矿探矿权招标试点成功；2001 年筹建了全国第一个矿业权交易市场——南昌矿业权交易服务中心。

从矿产权出让交易总体规模来看，矿产权出让交易的金额呈现不断增长的趋势。自 1999 年以来，我国矿业权转让交易市场呈现整体周期性上升的趋势，交易金额不断增长，从交易方式来看，出售在所有的转让交易方式中所占的比重最大。

2003 年，我国发布《关于印发〈探矿权采矿权招标拍卖挂牌管理办法

（试行）〉的通知》（国土资发〔2003〕197号），以招标、拍卖、挂牌等市场竞争方式出让矿业权的制度初步建立，进一步推动了矿业权市场的完善。我国以市场方式出让矿业权的数量随矿业经济的波动总体呈倒"U"形变化趋势，矿业权市场逐步发展起来。

（三）第三阶段：矿业权市场的完善（2005年至今）

2005年国家开展了整顿和规范矿业秩序的专项行动，印发了《国土资源部关于规范勘查许可证采矿许可证权限有关问题的通知》，由此开始逐步完善矿业权市场，构建及完善相关市场体系。

2007年，为提高矿业权管理的科学化、信息化水平，完善矿业权信息系统建设，以信息化手段完善矿业权管理，国土资源部开始推动矿业权管理的信息化建设工作。矿业权管理信息系统是矿政管理主流程信息化的重要内容，包含探矿权、采矿权、油气勘查开采子系统。同年颁布《中华人民共和国物权法》，并且先后印发了《国土资源部关于加强矿业权管理信息化建设工作的通知》（国土资发〔2007〕137号）和《国土资源部关于实行全国探矿权统一配号的通知》（国土资发〔2007〕294号），要求从2008年1月1日起全国范围内开始实行探矿权统一配号。

2010年国土资源部颁布《关于建立健全矿业权有形市场的通知》，要求以下矿业权出让、转让信息须在交易机构大厅（政务大厅）、同级国土资源主管部门和国土资源部门户网站发布公告（公示），即"五公开"：①以招标、拍卖、挂牌方式出让矿业权的，发布出让公告和交易结果公示；②以申请在先方式申请探矿权的，登记机关受理后要公开受理信息；③以探矿权转采矿权申请登记的，登记机关受理后要公开受理信息；④以协议方式出让的矿业权申请登记的，登记机关受理后要公开受理信息；⑤转让矿业权的，转让合同签订后，要对转让信息进行公示。

2011年，《国土资源部办公厅关于做好矿业权有形市场出让转让信息公示公开有关工作的通知》印发，要求全国所有出让转让的矿业权，除按原有规定进行公示公开外，要在"全国矿业权出让转让公示公开系统"同时进行公示公开，并将公示公开的信息与矿业权统一配号系统相关联。矿业权出让转让信息未按规定在"全国矿业权出让转让公示公开系统"进行公示公开的，配号系统不予配号。

2011年8月，国土资源部要求各地根据实际情况制定本辖区地（市）级矿业权交易机构的建设方案，按照方案加快建设步伐，原则上矿产资源丰富的地(市)都应建立矿业权交易机构。

2011年12月，国土资源部印发《矿业权交易规则(试行)》，明确了矿业权交易公告与登记、交易形式及流程、确认及中止、终止、公示公开、交易监督、法律责任及争议处理等内容，进一步规范了矿业权市场交易行为。

2012年5月，国土资源部印发的《关于严格控制和规范矿业权协议出让管理有关问题的通知》(国土资发〔2012〕80号)，规定"协议出让审批"也要在"全国矿业权出让转让公示公开系统"公示协议出让审批结果，公示期满无异议方可正式批准。截至2012年，我国31个省(自治区、直辖市)的省级矿业权交易机构全部建立，300余个地(市)建立了地(市)级矿业权交易机构，有效地推动了矿业权有形市场建设，矿业权市场不断规范和完善。

2017年，国务院印发的《矿产资源权益金制度改革方案》，规定我国矿业权市场法治建设的核心是维护矿业权市场的交易秩序。省级矿业权交易机构的建立发展完善了我国矿业权市场。

各省(自治区、直辖市)省级的矿业权有形市场全面建立，矿业权竞争出让(一级市场)和转让(二级市场)均通过矿业权有形市场进行交易，交易结果向社会公示公开，矿业权交易不断规范和公开透明，市场配置资源的决定性作用进一步显现。

(四)矿业权无形市场建设

矿业权网上交易是由自然资源主管部门按法定出让权限，通过网上交易系统向社会发布出让公告，并在网上竞争出让矿业权的行为。网上交易矿业权能进一步提高矿业权管理工作的信息化、科技化水平，大幅降低交易成本，最大限度地公开出让信息，避免人为干预，打破有形市场的地区封锁和行业保护，促进矿产资源领域廉政建设和矿业市场的健康快速发展。《国土资源部办公厅关于加快推进建立地(市)级矿业权交易机构的通知》(国土资厅发〔2011〕42号)要求各地积极探索推进矿业权出让网上交易，根据自身信息化建设水平，先选择有条件的地(市)开展矿业权出让网上交易试点，及时总结经验，逐步推广。[①]

---

① 夏云娇，刘云浪. 论采矿权市场交易的法律规制[J]. 中国国土资源经济，2012，25(9)：16-20，54.

2011 年以来，国土资源部首先选择在辽宁、福建、江西、湖南、贵州、宁夏六省（自治区）开展矿业权网上交易试点工作。2017 年起，除六个试点省（自治区）全面实现矿业权网上交易外，江苏、浙江、湖北、广东、福建等省（自治区）也全面实现了矿业权网上交易。同时，吉林、山东、河南、湖北、广西、甘肃等省（自治区）的部分地（市）也实现了矿业权网上交易。

矿业权市场建设相关政策文件如表 5-8 所示。

表 5-8　矿业权市场建设相关政策文件

时间	文件
1950 年	《中华人民共和国矿产暂行条例》
1986 年	《中华人民共和国矿产资源法》
1987 年	《矿产资源监督管理暂行办法》
1987 年	《全民所有制矿山企业采矿登记管理暂行办法》
1994 年	《中华人民共和国矿产资源法实施细则》
1996 年	修正《中华人民共和国矿产资源法》
1998 年	《矿产资源勘查区块登记管理办法》，2014 年修订
1998 年	《探矿权采矿权转让管理办法》，2014 年修订
1998 年	《矿产资源开采登记管理办法》，2014 年修订
2000 年	《矿业权出让转让管理暂行规定》
2003 年	《探矿权采矿权招标拍卖挂牌管理办法（试行）》
2004 年	《矿产资源登记统计管理办法》
2007 年	《中华人民共和国物权法》颁布，确立了矿产权的财产属性
2008 年	《矿业权评估管理办法（试行）》
2009 年	再次修正《中华人民共和国矿产资源法》
2011 年	《矿业权交易规则（试行）》
2015 年	《国土资源部关于严格控制和规范矿业权协议出让管理有关问题的通知》
2017 年	《矿产资源权益金制度改革方案》
2019 年	《自然资源部关于印发〈矿业权出让暂行条例〉的通知》，2019 年修订
2019 年	《关于加强矿业权交易市场建设的指导意见》
2020 年	《关于深化矿业权改革的若干意见》
2023 年	《关于深化矿产资源管理改革若干事项的意见》

资料来源：中国政府网及自然资源部官网。

三、矿业权市场的中介组织

(一)矿业权市场中介组织定义

矿业权市场中介组织是指那些为矿业出让或转让等市场活动提供各种服务的营利性法人机构,如矿业权评估机构、储量认定机构、会计师事务所、律师事务所、矿业权交易所、各种行业协会等。[①] 中介组织的发展和规范化运作,对完善和有效发挥矿业权市场的经济功能,促进矿业权运行的规范化等起着重要作用,也是衡量矿业权市场成熟程度的重要标志。

(二)矿业权市场中介组织的类型

1. 矿业权评估机构

矿业权评估机构是指由自然资源管理部门认定具有探矿权、采矿权评估资格的资产评估事务所,主要业务是对矿业权价格进行独立的评定估算,同时对评估的合理性与公正性承担责任。[②] 典型的矿业权评估机构如表5-9所示。

表5-9 典型矿业权评估机构

机构名称	所在城市	基本信息
中国矿业联合会	北京	中国矿业联合会是我国矿业工程专业机构,其下设有中国矿联矿产资源委员会,负责矿业权评估的规范和指导工作
国土资源部矿产储量评审中心	北京	国土资源部矿产储量评审中心是负责矿业权评估和认定的机构,其下设有专业委员和评审专家组,负责对矿业权评估的认定和评审工作
中国矿业权评估师协会	北京	中国矿业权评估师协会是国家能源局的直属单位,协会主要职责有三个:第一,矿业权评估和矿产资源储量评审的资格资质管理;第二,开展矿业权评估和矿产资源储量行业自律管理工作;第三,组织开展矿业权评估和矿产资源储量评审技术服务体系建设等

资料来源:国家自然资源部。

---

① 李英龙、李柏林、李文瑶. 矿业权市场要素及其模型分析[J]. 黄金,2001(6):48-50.
② 干飞. 我国矿业权交易市场建设与发展分析[J]. 当代经济,2009(1):60-61.

2. 储量认定机构

储量认定机构是专门对矿产储量进行评估、认定的专业组织。主要业务是对委托人指定的矿区(矿山)的矿产储量,按国家相关标准进行评估认定,并对认定储量的合理性与公正性承担责任。典型的储量认定机构如表5-10所示。

表5-10 典型储量认定机构

机构名称	所在城市	基本信息
中国地质调查局	北京	中国地质调查局是我国负责矿产资源调查和储量评估的主要机构。其下设有矿产资源评价中心,负责矿产资源储量的评估和认定工作
中国地质科学院	北京	中国地质科学院是我国的科研机构,其下设有矿产资源研究所和地质调查研究所等单位,负责矿产资源调查和储量评估的科学研究工作
国土资源部矿产储量评审中心	北京	国土资源部矿产储量评审中心是负责矿产储量评审和认定的机构,其下设有专业委员会和评审专家组,负责对矿产储量的认定和评审工作
矿产资源储量评审中心	北京	矿产资源储量评审中心是国家能源局的直属单位,负责煤炭、油气等能源矿产资源储量的评审和认定工作

资料来源:国家自然资源部。

3. 矿业权交易机构

矿业权交易所是依据国家有关法律,经由政府管理机关批准而设立的专门进行矿业权交易的有形市场,为矿业权交易双方提供了一个完备的、公开产权交易场所。[①] 目前,矿业权交易专业性中介行业已经形成政府监管、行业自律、中介机构自我完善发展相结合的管理格局。典型的矿业权交易机构如表5-11所示。

---

① 李英龙,李柏林,李文瑶. 矿业权市场要素及其模型分析[J]. 黄金,2001(6):48-50.

表 5-11　典型矿业权交易机构

机构名称	所在城市	基本信息
陕西旺道矿业权资产评估有限公司	西安	旺道矿业成立于 2007 年，注册资金 500 万元，2016 年被中国矿业权评估师协会评选为全国"矿业权评估行业示范单位"
天津国际矿业权交易所	天津	天津国际矿业权交易所依据矿业权出让任务书及转让鉴证任务书，组织挂牌活动出让地热矿业权及转让鉴证活动，相关机构依法对天津国际矿业权交易所的地热矿业权挂牌出让活动及转让鉴证活动实施监督管理
武汉国际矿业权交易中心	武汉	业务类型有四个：①矿业权交易市场。为国内、国外的矿业权及矿业公司股权、实物资产提供交易服务。②矿产品市场。依托湖北省优势矿产资源，打造国际性的现货交易平台，通过高效便捷的线上交易模式，满足矿业企业和投资者的需求。③矿业金融市场。为矿业企业提供债权、股权、融资租赁等多样式定制化投融资服务。④矿业咨询服务。为矿业企业提供矿业政策咨询、财务咨询、矿产勘查技术咨询等专业咨询服务

4. 行业协会

我国矿业行业协会大多是在开展学术活动的同时，进行行业管理，真正提供中介服务的较少，如中国矿业权评估师协会、中国矿业联合会、中国矿业联合会地质矿产勘查分会等(见表 5-12)。

表 5-12　典型矿业行业协会

机构名称	所在城市	基本信息
中国矿业权评估师协会	北京	中国矿业权评估师协会主要提供统一编码、继续教育、资格查询、会员入会等服务
中国矿业联合会	北京	中国矿业联合会的宗旨是坚持为矿业企业服务、为政府服务、为矿业发展服务
中国矿业联合会地质矿产勘查分会	北京	中国矿业联合会地质矿产勘查分会属中国矿业联合会的分支机构，是一个非营利性的行业组织，主要由中国各级相关政府部门、地质矿产勘查企事业单位、相关民营企业、科研教育机构、其他法人实体和自愿注册的机构组成

5. 财务审计机构

矿业权的交易必定会涉及项目或企业的会计、审计工作及双方的资金运作。会计师事务所能够为交易双方提供相应的服务，使供给主体和投资主体能够在符合市场经济会计模式的条件下完成投资与合作。[①] 典型的财务审计机构如表 5-13 所示。

表 5-13　典型财务审计机构

机构名称	所在城市	基本信息
亚太（集团）会计师事务所有限公司	北京	亚太（集团）会计师事务所有限公司是依托服务我国市场经济建设的宗旨跨省区组建的全国性、综合性大型会计中介集团。服务对象涉及石油石化、商业、贸易、金融、证券、保险、能源等多个行业。先后高质量地完成了平煤股份、神火股份、平高电气、风神股份、新野棉纺、天方药业等 10 多家上市公司的审计业务
中喜会计师事务所（特殊普通合伙）	北京	中喜会计师事务所多年一直为客户提供股票发行与上市、企业改制、公司重组、资本交易、财务顾问、商务咨询、税务咨询等专业服务
华兴会计师事务所（特殊普通合伙）	福州	华兴会计师事务所具备财政部和中国证券监督管理委员会批准的执行证券、期货相关业务审计资格，中国人民银行和财政部批准的从事金融审计相关业务资格，中国银行间市场交易商协会批准的从事非金融企业债券融资工具相关业务资格，国家国防科技工业局从事军工涉密业务咨询服务资格

6. 法律服务机构

矿业公司上市筹资、项目融资、合资助查或矿权转让协议及项目的法律风险评估等需要专业性法律服务。能够提供矿业权交易法律服务的律师事务所是矿业权交易的重要中介机构。典型的法律服务机构如表 5-14 所示。

---

① 李涛. 矿业权二级市场建设模式与交易机制研究[D]. 北京：中国地质大学，2008.

表 5-14　典型法律服务机构

机构名称	所在城市	基本信息
河北恒利律师事务所	石家庄	河北恒利律师事务所是一家致力于提供专业化、全方位服务的律师事务所，在矿产和自然资源、公司、知识产权、诉讼与仲裁等各项领域内都能为客户提供优质服务。律师在矿产和自然资源的服务领域内具有丰富的理论和实践经验，在矿业公司设立、申请矿权、项目并购、矿业融资、矿权流转、矿业纠纷等方面都为客户提供过专业、高水平的法律服务，项目涉及包括金属矿、非金属矿、水气、能源等在内的多个矿种
北京大成律师事务所	北京	北京大成律师事务所成立于 1992 年，是中国成立最早、覆盖全国的合伙制律师事务所之一，已建立了覆盖全国、遍布世界重要城市的全球法律服务网络。大成律师事务所的境内外机构均可共享大成全球法律服务网络内的项目信息、专业知识、业务经验、专业人才、社会关系等资源
北京市京广律师事务所	北京	矿产资源领域的法律服务是北京市京广律师事务所的特色化、专业化、典型化法律服务业务。团队核心律师深耕国内大型矿业企业（中央企业）十余载，曾主导发起设立矿业股权并购基金（私募），参与大型矿业企业及上市公司多宗涉矿企业并购、转让交易，代理解决多宗矿业企业股权、矿权类法律纠纷，积累了丰富的涉矿诉讼、仲裁、行政复议、行政诉讼经验

7. 技术服务机构

矿产资源的勘查开发是一项专业性很强的活动，需要专业的机构提供技术服务，如专业技术咨询公司可为矿业权人提供实用性很强的专业性技术服务；专业的矿业勘查开发软件公司可以提供地质数据管理、矿产勘查、矿体三维模型等先进的软件产品。典型的技术服务机构如表 5-15 所示。

表 5-15　典型技术服务机构

机构名称	所在城市	基本信息
枣庄矿业集团矿业技术服务有限公司	枣庄	枣庄矿业集团矿业技术服务有限公司是集煤炭生产加工、煤电、机械制造、生物工程、铁路运输等于一体，跨行跨国跨所有制的大型企业集团，现为山东省国有资产监督管理委员会监管的大型企业

机构名称	所在城市	基本信息
金诚信矿业管理股份有限公司	北京	公司拥有矿山工程施工总承包一级行业资质和隧道工程专业承包二级资质，以及商务部认可的境外施工资质在境内外设有 30 余家分子公司和 1 家省级研发中心
阿特拉斯·科普柯集团	斯德哥尔摩	阿特拉斯·科普柯集团成立于 1873 年，是一家全球性工业集团，总部位于瑞典斯德哥尔摩。阿特拉斯·科普柯在 20 多个国家生产产品，并开发和生产工业工具、阿特拉斯·科普柯空气压缩机、建筑和采矿设备、装配系统。产品以不同的品牌进行销售和租赁，并通过遍布 160 个国家的全球销售和服务网络进行分销，其中一半的服务由其全资或部分控股的客户中心提供

8. 经纪服务机构

矿业权交易经纪服务机构可以为所代理的企业提供项目推介、目标客户寻找、交易撮合、相关手续办理等服务。此外，还能够为目标公司提供顾问服务，包括提供融资、公司收购、资本重组、破产清算及企业上市等方面的服务。典型的经纪服务机构如表 5-16 所示。

表 5-16 典型经纪服务机构

机构名称	所在城市	基本信息
中怡保险经纪有限责任公司	上海	中怡矿业和怡安全球矿业团队有出色的专业能力和丰富的经验，能够为客户的发展提供完善的服务，使客户能够从中受益。中怡及怡安的矿业团队为全球的公司和组织提供最优化的风险自留和风险管理服务。中怡拥有一个颇具实力的项目开发、勘探和现场运营的专家团队，能够解决客户的复杂问题。怡安全球超过 500 个分支机构保证了其能因地制宜地为当地客户提供风险分析服务，同时能以全球的战略眼光提供风险管理和保险安排等相关服务，以满足当地客户的需求
北京天正信矿业咨询有限公司	北京	北京天正信矿业咨询有限公司成立于 2020 年，是取得中国矿业权评估师协会颁发的矿业权评估资质，致力于矿业权评估及矿山增值服务的评估咨询机构。公司汇聚了具有地勘领域、采矿领域、选矿领域、经济领域、矿业法规领域专长的技术人才，凝聚了一批新生代评估领域的精英人才

机构名称	所在城市	基本信息
四川天骞矿产资源咨询服务有限公司	成都	四川天骞矿产资源咨询服务有限公司成立于 2007 年 8 月，是一家面向四川省矿山企业开展矿产资源高效、安全开发利用的技术服务型有限责任公司，已发展为集地质、测量、采矿、选矿技术服务于一体的综合性公司。公司技术力量雄厚，涵盖采矿、选矿、地质、水文、测量、矿山机电、建筑、机械、自动化、工程经济、财会、环境、化工、汽车运输、食品工程及公共卫生等方面

(三)矿业权市场中介组织的作用

矿业权市场中介组织主要起服务、沟通、监督等重要作用，主要表现为以下三个：

(1)服务的范围不断扩大，水平逐步提高。矿业权市场中介组织的作用和服务范围也会不断扩展，由起初主要提供单一的服务，发展到如今提供法律、会计、信息、咨询、结算、培训、经纪等服务。

(2)沟通各类市场主体之间的桥梁和纽带作用得到充分发挥。中介组织沟通的领域越来越宽，渠道也日益多样化。

(3)监督职能日益加强。随着中介组织的作用逐步被认可，其在监督矿业权市场行为、调节市场纠纷、稳定市场秩序等方面发挥着越来越重要的作用。①

---

① 梅国富. 商会的职能和运行机理研究[D]. 苏州：苏州大学，2006.

矿产资源开发环境管理

第一节　我国矿山地质环境管理现状

一、矿产资源开发的环境问题

　　我国由采矿引起的矿山地质环境问题较多，类型也较为复杂。矿山地质环境问题是指因采矿活动而产生的地质环境变异或破坏的事件，主要包括矿产资源勘查开采等活动造成的矿区地面塌陷、地裂缝、崩塌、滑坡、含水层破坏、地形地貌景观破坏等。

　　矿山地质环境问题分为四大类：一是矿山地质灾害；二是矿区地质地貌景观破坏；三是矿区含水层破坏；四是土地资源压占破坏(见表6-1)。

表6-1　矿山地质环境问题及其分类

划分类型	表现形式	产生的影响
矿山地质灾害	崩塌、滑坡、泥石流、地面塌陷（岩溶塌陷）、地面沉降（采空沉陷）、地裂缝等	矿产资源开发导致岩土体天然应力—应变状态的改变，造成经济损失和人员伤亡，增加了工作量，降低了开采效率
矿区地质地貌景观破坏	破坏地表植被、地质遗迹、地形地貌景观、建筑及交通等基础设施	改变了原有的地形地质条件与地貌特征，造成山体破损、岩石裸露、植被破坏等自然景观质量下降或者破坏
矿区含水层破坏	破坏矿区地下水环境系统	区域水文和地质条件被破坏，地下水和地表水原有平衡被打破，水资源量减少

划分类型	表现形式	产生的影响
土地资源压占破坏	尾矿压占和破坏土地资源，矿产资源开采排放的废水和废气破坏土地资源	大量的土壤被污染破坏，森林、草地、耕地范围减少，野生动物栖息条件恶化，农作物减产，林业产量下降

资料来源：张颖. 矿山地质环境保护与恢复治理方案关键问题分析[J]. 中国高新技术企业，2013(29).

二、我国矿山地质环境管理历程

(一)矿山地质环境管理起步阶段(1972~1982年)

1972年联合国人类环境会议通过的人类环境宣言指出，人类活动对地壳表层的改造与影响已形成新的地质灾害，标志着人类开始正视发展中的环境问题。随着我国环境问题的日益突出和重大环境问题的爆发，我们开始认识到资源开发对环境造成的危害，并着手对重大矿山地质环境问题进行治理。

1978年我国宪法明确"国家保护环境和自然资源，防治污染和其他公害"，标志着我国环境保护工作开始步入有法可依发展阶段。相应的环境保护管理机构开始建立并初具规模。但是，这个时期，矿山地质环境法治建设仍未引起全社会足够重视。[1]

(二)矿山地质环境治理低谷期 (1983~1989年)

1983年我国将云南昆阳磷矿作为矿山地质环境治理试点。1989年我国环保部门会同财政部门在广西、山西和新疆等地试行生态环境补偿费，环境治理取得一定成效。但因受"大矿大开，小矿放开，有水快流，国家、集体、个人一齐上"思想影响，大力推进矿产资源开发，放松了对矿业活动的监管，一些地方和企业盲目开采，乱采滥挖，不采取矿山地质环境保护措施，废水废渣没有经过环境保护处理后直接排放，致使我国矿山地质环境

---

① 张兴，王凌云. 矿山地质环境保护与治理研究[J]. 中国矿业，2011，20(8)：52-55.

的破坏程度达到历史最高峰。

（三）矿山地质环境保护与治理探索前行（1990~2007 年）

20 世纪 90 年代至今，我国矿山地质环境保护与治理逐步进入法治轨道。1998 年组建的国土资源部设立了地质环境司，专门承担矿山地质环境保护与治理的政府职能。各地方也相继成立了地质环境处及地质环境监测中心，逐步完成矿山地质环境保护与治理的组织机构建设。国家制定和出台了一系列环境保护法律和法规，如《国土资源部关于开展省级矿山地质环境保护与治理规划编制工作的通知》《财政部　国土资源部　环保总局关于逐步建立矿山环境治理和生态恢复责任机制的指导意见》等法规，对矿山地质环境保护与治理起到了重要的规范作用。

（四）矿山地质环境保护与治理有序开展（2008 年至今）

2009 年，国土资源部发布了《矿山地质环境保护规定》，对矿山地质环境保护的规划、治理恢复、监督检查和法律责任做出明确规定，矿山地质环境保护与治理逐步走上制度化、法规化的轨道。2016 年 7 月，国土资源部出台了《关于加强矿山地质环境恢复和综合治理的指导意见》，总体要求通过深化改革、创新机制、落实责任、完善措施，大力构建政府、企业、社会共同参与的保护与治理新机制，确保不欠新账、加快还旧账，尽快形成生产矿山和历史遗留"新老问题"统筹解决的保护与治理新格局。2019 年，自然资源部发布了修改后的《矿山地质环境保护规定》《土地复垦条例实施办法》，进一步加强矿山地质环境治理。

三、我国矿山地质环境管理成效与问题

（一）我国矿山地质环境管理的成效

1. 抓法治建设，抓规章制度

我国矿山地质环境管理初步形成了比较完备的法律法规和规章制度体系，使矿山地质环境管理有法可依。

立法是解决矿山生态环境问题的重要途径，开展矿山生态保护与修复立法，是贯彻国家相关法律法规的需要。通过立法，明确矿山生态恢复治

理工作的职责划分和法律责任，构建全面、规范的法律责任体系。①

2. 抓基础工作，抓调查研究

我国通过全面开展矿山地质环境调查与评估，初步摸清了矿山地质环境家底，并通过全面规划和技术标准制定，描绘出矿山地质环境治理与保护的蓝图。②

3. 抓重点矿山治理，抓典型项目示范

21世纪以来，政府和企业共同投入近千亿元实施矿山地质环境治理工程，充分体现了集中力量办大事的社会主义优越性。

矿山生态修复是全面推进生态文明建设的重要组成部分。近年来，各地按照绿色发展要求，积极推进矿山生态保护与修复。但总体上看，我国矿山生态修复仍面临体系不健全、层次不高、新技术推广难等问题，破坏式开发对矿山地质环境造成的影响仍然严重。

4. 抓政策制度突破，抓重大举措实施

为了加强矿山地质环境保护，国务院各部委颁布了大量矿山地质环境治理与生态恢复方面的政策措施。创新保证金制度、绿色矿山创建、"三线三边"复绿行动等管理工作的抓手和平台，把握全国矿山地质环境管理大局。

5. 抓政府职能分工，抓管理职责落实

突出中央政府部门的龙头作用，强化省级政府部门的关键作用，打牢市、县政府部门的基础作用。组织自然资源、生态环境等相关部门切实履行工作职责和监管职责，完善各级地方政府和有关部门责任清单，压实各方责任，层层抓好落实，形成政府领导、部门联动、透明公开、快速推进的工作局面。

6. 抓市场调节机制，抓矿山企业主体地位的确立

矿山生态修复涉及政府、矿山企业、农村集体经济组织、社会投资方等多类产权主体和利益相关方。结合产权制度改革，使矿业经济和矿山地质环境保护工作遵循价值法则，回归市场经济规律，创造公开公平公正的市场竞争环境；明确对无土地使用权人的历史遗留矿山废弃国有建设用地，

① 朱乃斌，凌波. 立良法促善治 建设绿色矿山[J]. 人大建设，2021(8)：38-39.

② 李君浒，葛伟亚，朱春芳，等. 简论我国矿山环境政府管理的经验与不足[J]. 国土资源情报，2013(9)：9-15.

可通过公开竞争方式确定同一修复主体和土地使用权人。

7. 抓宣传教育，抓观念更新

大力发挥社会公众和新闻媒介的监督作用。加强宣传动员，引导群众广泛参与。群众既是生态文明建设的受益者也是生态文明建设的参与者，要引导舆论宣传，改变传统的"靠山吃山"的观念，广泛发动群众参与到露天矿山的生态治理工作中。加强信息公开，保障群众的知情权，鼓励群众监督矿山地质环境恢复治理工作，及时回应公众关切，相关部门要努力把民生工作做成民心工作。

8. 抓环境监测，落实环境监控

矿产资源开发中的环境监测工作处于刚刚起步阶段，掌握矿产资源开发中的环境质量及其动态变化情况是做好管理工作的基础。近年来，自然资源部通过调查、监测相结合的手段，基本摸清了全国的情况，建立了动态监测体系。一是经过近10年的组织和实施，完成了31个省（自治区、直辖市）矿山地质环境调查与评估工作，取得了较好的工作进展及成果。二是《矿山地质环境保护规定》建立了矿山地质环境动态监测制度。

（二）我国矿山地质环境管理的问题

1. 我国矿山地质环境管理的艰巨性

（1）基础薄弱，污染严重。由于现代化建设快速推进，国家经济安全对资源保障能力的刚性需求也在不断增加，迫切需要加大矿产资源勘查力度。我国矿产开发中"三废"问题普遍严重，矿山地质环境保护是一项长期的艰巨工作。

（2）资金缺乏，任务沉重。尽管中央政府和地方政府高度重视、社会资金大量投入，许多矿山企业投资矿山地质环境恢复治理受到鼓舞，但全国范围内仍有大量矿山地质环境问题亟待解决。同时，目前资金渠道少导致投入跟不上需求，这给需要进行矿山环境治理的各级地方政府和矿山企业带来了一定的财政负担。

2. 我国矿山地质环境管理的特殊性

（1）矿山地质环境地域的特殊性。由于我国幅员广大，各省（自治区、直辖市）地域范围大小、地质地理条件、地质环境状况不同，省情、矿情和矿业开发利用情况以及矿山地质环境的管理力度和成效差异化明显。

（2）矿山地质环境管理背景的特殊性。历史原因导致许多老矿山没有足够的生态恢复治理资金，造成许多生态环境和历史欠账问题无人过问。许多新老矿山地质环境问题交叉重叠，历史负担沉重，存在问题较多。

3. 我国矿山地质环境管理体制机制障碍

我国矿山地质环境管理还存在不少体制、机制、政策等方面的障碍，中央与地方之间、地区间、部门间、系统间条块分割，国有、集体、个私矿山间利益交叉。在利益驱动、制度缺陷、管理缺位、技术落后、市场失灵、历史局限性等多重因素的影响下，矿山企业的矿山地质环境保护责任没有落到实处，市场导向功能发挥不充分，经济手段使用不灵活，政策不配套、技术不先进、人才不充足等问题突出。矿山地质环境管理，既要贯彻创新、协调、绿色、开放、共享发展理念，又要摸清问题家底，找准问题根源，抓住主要矛盾，寻求破解方法，总结经验教训，创新管理模式。

案例 6-1 "亚洲第一天坑"——黄石国家矿山公园

黄石国家矿山公园，前身为大冶铁矿，坐落于湖北省东部、长江南岸的大冶铁矿，自公元 226 年开始开采，至今已有 1700 多年的开采历史。在这悠悠一千多年的日子里，它默默地见证着历史的沧桑变化。

鸦片战争后，国内一些有识之士，提出"师夷之长技以制夷"，兴起洋务运动。到 19 世纪 70 年代，洋务运动由军事工业转到民用工业，钢铁需用量增大。1890 年，张之洞督鄂，决定兴建汉阳铁厂，开办大冶铁矿作为汉阳铁厂的原料基地，年底正式动工兴建，其规模之大，场面之宏，实为当时中国的一大创举。1893 年大冶铁矿完成基建任务，1894 年 5 月，汉阳铁厂竣工投产，正式升火开炼出铁。

1908 年 3 月 16 日，清政府农工商部批准成立"汉冶萍煤铁厂矿公司"，大冶铁矿成为亚洲最早、最大的跨地区跨行业集团公司——汉冶萍公司的一个重要组成部分。

1954 年 3 月，"四二九"地质勘探队探明大冶铁矿铁矿石储量为 1.03 亿吨，金属铜为 60.2 万吨。虽然矿山经过一千余年的开采，但仍是一座大型露天铁矿，可作为华中钢铁中心的主要原料基地。中央决定重建大冶铁矿，作为新建华中钢铁中心——武汉钢铁公司的主要矿石供给地。

然而，作为非可再生资源，矿山也是有寿命的。到20世纪90年代末，大冶铁矿的储存量、年产量都在逐渐减少，近年降至百万吨以下。

2008年3月，国务院公布了全国首批资源枯竭型城市名单，大冶名列其中，大冶铁矿也因此成为湖北省唯一被列入国家首批资源枯竭型城市经济转型试点的企业。

大冶铁矿开发后留下的"天坑"成为一个重要的历史环境问题，但同时，大冶铁矿有着深厚的历史文化意义，见证了历史上许多重大事件的发生。因为其文化意义，"天坑"得以保留。为展现大冶铁矿的历史发展进程和纪念洋务运动的重要人物张之洞，大冶决定将其建成一个矿坑公园——黄石国家矿山公园。

而今日的大冶铁矿，多次评为湖北省花园式工厂、清洁无害工厂和安全生产文明单位，多次获湖北省文明单位及全国模范职工之家称号。现在，大冶铁矿基础设施完善，管理方式先进，生产工艺精良，科技实力雄厚，矿区局域网络全线贯通，办公实现自动化。

如今的黄石国家矿山公园，位于湖北省黄石市铁山区境内，东临长江滚滚波涛，西依雉山蒙蒙烟雨。这里是中国第一家国家矿山公园，是毛主席视察过的唯一的铁矿山，是张之洞创办洋务企业唯一保留下来、仍在正常运作的矿业单位。黄石国家矿山公园现有国内最具特色的"井下探幽"项目，下700余级台阶可深度体验当年矿工工作场景。园区内还拥有世界第一高陡边坡之称的亚洲第一天坑——"矿冶大峡谷"。

"矿冶大峡谷"为黄石国家矿山公园核心景观，被誉为"亚洲第一天坑"。此外，还建成面积366万平方米的亚洲最大硬岩绿化复垦基地，矿山人创造了"石头上种树"的奇迹。自2012年起，每年的四五月都会举办盛大的槐花旅游节，槐花飘香，芬芳黄石，吸引了大批国内外游客慕名而来。

历史源远流长的"大冶铁矿"，不但有着"亚洲第一天坑"之名，也是中国将矿坑治理用于实际的一大代表，同时，大冶铁矿作为中国铁矿矿种的代表也是当之无愧的。通过生态恢复的景观设计手法来恢复矿山自然生态和人文生态，把公园开发建设的着眼点放在弘扬矿冶文化，再现矿冶文明，展示人文特色，提升矿山品位上，打开了旅游新路线，实现了人与自然和谐共处，共同发展的主题。

资料来源：韩培光，李伟东，彭小桂，等．黄石市现代典型矿业遗迹基本特征及开发建议[J]．资源环境与工程，2008(3)：377-386；他山之石·黄石国家矿山公园[J]．国土资源导刊，2013，10(3)：85；郭庆忠，滕建华，许士强．建设矿山公园　弘扬矿冶文化——黄石国家矿山公园建设实践和启示[J]．资源环境与工程，2008(3)：373-376.

问题1：黄石国家矿山公园环境治理的启示有哪些？

问题2：谈谈其他通过矿山环境治理实现环境价值与经济价值"双赢"的例子。

第二节　矿产资源开发环境管理体制

一、矿产资源开发环境管理体制的定义

矿产资源开发环境管理体制是指由矿产资源开发环境管理的机构设置和管理职能权限划分所形成的体系和制度。矿产资源开发环境管理部门主要包括自然资源部、生态环境部、国家发展和改革委员会、水利部等。

二、我国矿产资源开发环境管理机构与职能

(一)自然资源部

1. 国土空间用途管制司

拟订国土空间用途管制制度规范和技术标准。提出土地、海洋年度利用计划并组织实施。组织拟订耕地、林地、草地、湿地等国土空间用途转用政策，指导建设项目用地预审工作。承担报国务院审批的各类土地用途转用的审核、报批工作。拟订开展城乡规划管理等用途管制政策并监督实施。

2. 国土空间生态修复司

承担国土空间生态修复政策研究工作，拟订国土空间生态修复规划。承担国土空间综合整治、土地整理复垦、矿山地质环境恢复治理等工作。承担生态保护补偿相关工作。指导地方国土空间生态修复工作。

3. 地质勘查管理司

管理地质勘查行业和全国地质工作，编制地质勘查规划并监督检查执行情况。管理中央级地质勘查项目，组织实施国家重大地质矿产勘查专项。承担地质灾害的预防和治理工作，监督管理地下水过量开采及引发的地面沉降等地质问题。

4. 国家自然资源总督察办公室

完善国家自然资源督察制度，拟订自然资源督察相关政策和工作规则等。指导和监督检查派驻督察局工作，协调重大及跨督察区域的督察工作。根据授权，承担对自然资源和国土空间规划等法律法规执行情况的监督检查工作。

5. 执法局

拟订自然资源违法案件查处的法规草案、规章和规范性文件并指导实施。查处重大国土空间规划和自然资源违法案件，指导协调全国违法案件调查处理工作，协调解决跨区域违法案件查处。指导地方自然资源执法机构和队伍建设，组织自然资源执法系统人员的业务培训。

(二) 生态环境部

1. 生态环境执法局

统一负责生态环境监督执法。监督生态环境政策、规划、法规、标准的执行。组织拟订重特大突发生态环境事件和生态破坏事件的应急预案，指导协调调查处理工作。协调解决有关跨区域环境污染纠纷。组织开展全国生态环境保护执法检查活动。查处重大生态环境违法问题。监督实施建设项目环境保护设施同时设计、同时施工、同时投产使用制度，指导监督建设项目生态环境保护设施竣工验收工作。承担既有项目环境社会风险防范化解工作。指导全国生态环境综合执法队伍建设和业务工作。

2. 生态环境监测司

负责生态环境监测管理和环境质量、生态状况等生态环境信息发布。拟订和组织实施生态环境监测的政策、规划、行政法规、部门规章、制度、标准及规范。建立生态环境监测质量管理制度并组织实施。统一规划生态环境质量监测站点设置。组织开展生态环境监测、温室气体减排监测、应急监测。调查评估全国生态环境质量状况并进行预测预警。承担国家生态环境监测网建设和管理工作。负责建立和实行生态环境质量公告制度，组织编报国家生态环境质量报告书，组织编制和发布中国生态环境状况公报。

3. 环境影响评价与排放管理司

担负着确保环境不受污染和生态系统得以保护的任务，负责从源头准入到污染物排放许可控制预防环境污染和生态破坏。拟订并组织实施政策、规划与建设项目环境影响评价和排污许可相关法律、行政法规、部门规章、标准及规范。组织开展区域空间生态环境影响评价。组织编制和实施"三线一单"。按权限审批涉核与辐射、海岸及海洋工程以外建设项目环境影响评价文件。指导实施建设项目环境影响登记备案。开展建设项目环境影响评价文件的技术复核。组织开展建设项目环境影响后评价。承担排污许可综合协调和管理工作。指导协调新建项目环境社会风险防范化解。

4. 自然生态保护司

指导协调和监督生态保护修复工作，拟定和组织实施生态保护修复监管政策、法律、行政法规、部门规章以及标准。同时，负责组织编制生态保护规划，确保生态环境得以维护和改善。开展全国生态状况评估，指导生态示范创建、"绿水青山就是金山银山"实践创新。组织制定各类自然保护地监管制度并监督实施，承担自然保护地、生态保护红线相关监管工作。监督影响生态环境的自然资源开发利用活动、重要生态环境建设和生态破坏修复工作。同时，加强对野生动植物保护、湿地生态环境保护、荒漠化防治等工作的监管。组织开展生物多样性保护、生物物种资源（含生物遗传资源）保护、生物安全管理工作。承担中国生物多样性保护国家委员会秘书处和国家生物安全管理办公室工作。负责有关国际公约国内履约工作。

5. 中央生态环境保护督察办公室

监督生态环境保护党政同责、一岗双责落实情况。拟订生态环境保护督察制度、工作计划、实施方案并组织实施。承担中央生态环境保护督察及中央生态环境保护督察组的组织协调工作。根据授权对各地区、各有关部门贯彻落实中央生态环境保护决策部署情况进行督察问责。承担督察报告审核、汇总、上报工作。负责督察结果和问题线索移交移送及其后续相关协调工作。组织实施督察整改情况调度和抽查。归口管理限批、约谈等涉及党委、政府的有关事项。指导地方开展生态环境保护督察工作。归口联系区域监察机构。承担国务院生态环境保护督察工作领导小组日常工作。

6. 综合司

负责生态环境政策规划和业务综合工作。组织起草生态环境政策、规划，协调和审核生态环境专项规划。组织生态环境统计、污染源普查和生态环境形势分析。承担污染物排放总量控制综合协调和管理工作，提出实施总量控制的污染物名称和控制指标，监督检查各地污染物减排任务完成情况。实施生态环境保护目标责任制，拟订生态环境保护年度目标和考核计划。负责生态环境保护领域经济体制改革工作。承担西部大开发、东北等老工业基地振兴、推进雄安新区生态环境保护、支持海南改革开放和京津冀协同发展等相关工作。承担国家生态安全、生态文明建设年度评价相关工作以及生态环境部咨询机构日常工作。

7. 大气环境司

负责全国大气、噪声、光等污染防治的监督管理，并拟订和组织实施相关政策、法律、行政法规、部门规章、标准以及规范。负责解析大气污染物来源，引导城市编制达标和改善大气环境质量的规划。同时，建立各地区大气环境质量改善目标落实情况的考核制度。组织划定重点大气污染防治区域，指导或拟定相关政策、规划和措施。组织拟订重污染天气应对政策措施。建立重点大气污染物排放清单和有毒有害大气污染物名录。建立并组织实施大气移动源环保监管和信息公开制度。组织协调大气面源污染防治工作。组织实施区域大气污染联防联控协作机制，承担京津冀及周边地区大气污染防治领导小组日常工作。承担保护臭氧层国际公约国内履约相关工作。

8. 水生态环境司

负责全国地表水生态环境监管工作。拟订和组织实施水生态环境政策、规划、法律、行政法规、部门规章、标准及规范。拟订和监督实施国家重点流域、饮用水水源地生态环境规划和水功能区划。建立和组织实施跨省（国）界水体断面水质考核制度。统筹协调长江经济带治理修复等重点流域生态环境保护工作。监督管理饮用水水源地、国家重大工程水生态环境保护和水污染源排放管控工作，指导入河排污口设置。参与指导农业面源水污染防治。承担河湖长制相关工作。

9. 土壤生态环境司

负责全国土壤、地下水等污染防治和生态保护的监督管理。拟订和组织实施相关政策、规划、法律、行政法规、部门规章、标准及规范。监督防止地下水污染。组织指导农村生态环境保护和农村生态环境综合整治工作。监督指导农业面源污染治理工作。

(三) 国家发展和改革委员会

资源节约和环境保护司：拟订和组织实施绿色发展相关战略、规划和政策，推进实施可持续发展战略，承担生态文明建设和改革相关工作。拟订并协调实施能源资源节约和综合利用、循环经济政策规划，提出能源消费控制目标并组织实施。协调环保产业和清洁生产促进有关工作。组织协调重大节能示范工程和新产品、新技术、新设备的推广应用。履行碳达峰碳中和工作领导小组办公室日常工作职能。承担国家应对气候变化及节能减排工作领导小组有关节能方面具体工作。

(四) 水利部

1. 水资源管理司

组织开展水资源评价相关工作，按规定组织开展水资源承载能力预警工作，指导水资源监控能力建设。组织实施流域区域取用水总量控制。组织指导水量分配工作并监督实施。组织实施取水许可、水资源论证等制度。指导开展水资源有偿使用工作，指导水权制度建设。按规定指导城市水务方面的有关工作。指导河湖水生态保护与修复、河湖生态流量水量管理以及河湖水系连通工作。指导地下水开发利用和地下水资源管理保护，组织指导地下水超采区综合治理。组织编制并实施水资源保护规划，指导饮用水水源保护有关工作，参与编制水功能区划和指导入河排污口设置管理工作。承担实施最严格水资源管理制度相关工作，负责最严格水资源管理制度考核。组织编制并发布国家水资源公报。承办部领导交办的其他事项。

2. 水土保持司

组织、协调和指导全国水土保持工作，负责水土流失综合防治、监督管理和监测评价。组织拟订水土保持政策、法律、法规和技术标准并监督实施。组织编制和监督实施全国及重点区域水土保持规划，负责规划实施的考核评估。负责水土保持监测和信息化应用工作，组织全国水土保持监测网络的建设和管理，组织全国水土流失调查、动态监测、预测并公告。负责重大生产建设项目水土保持方案的审批、监督检查及水土保持设施自主验收的核查。指导国家水土保持重点工程实施和生态清洁小流域建设。负责组织推广水土保持科技成果，指导水土保持服务体系建设。承办部领导交办的其他事项。

三、我国矿产资源开发环境管理机制

（一）横向上的部门协作关系

矿山环境管理具有资源管理、环境管理和生产管理的复合性质，这使矿山环境管理需要协调不同领域的要求和利益，给管理者带来了一定的挑战。矿山环境管理需要同时考虑资源开发的经济效益、环境保护的可持续性以及生产活动的正常运行，这三者之间的权衡和整合常常需要平衡各方的需求，这是一个复杂而具有挑战性的任务。矿山环境管理涉及多个政府部门，以一个中立的第三方观点来看，水土破坏问题涉及多个领域的职责。例如，土质疏松、地表水受损以及水土流失等问题既与水利部门的职责相关，也涉及生态环境部门的管理职责。工业生产产生废水、废气和废渣，不仅属于环保部门的管理范围，也涉及水利部门的工作领域。同时，地表裸露、植被砍伐等生态景观破坏问题，涉及农业农村部和林业部等部门的职责。多部门协同管理，需要以政策、法规为基础实现良好的协调与合作，以保护环境和可持续发展为目标。

2018年，我国合并国土资源部、水利部、农业部、林业局等部门的职责组成自然资源部，实行了大部制管理。大部制即大部门管理体制，即在政府的部门设置中，将职能相近的部门和相关事项集中管理，以避免政府职能重叠、多头管理的情况，有助于提高行政效率和降低成本。

（二）纵向上管理体制模式

1. 垂直管理

自然资源部和生态环境部采用垂直管理模式，可以加大上级在宏观调控方面的力度，但需要进一步加强与地方政府的沟通和协作。

2. 属地管理

属地管理，即按照标准和要求对本地区的事务进行组织、协调、领导和控制，有助于地方政府更好地协调和推进工作，但在行政执法过程中可能会出现地方保护主义的情况。

3. 双重管理

双重管理体制是指特定类型的组织，既受同级党委、政府领导的管理，又受上级业务单位领导的管理。

(三) 央地事权划分

央地指中央与地方政府，事权是指一级政府在公共事务和服务中应承担的任务和职责，央地事权划分是指中央政府和地方政府管理权限与管理职能的划分。

(四) 政府、企业和公众的博弈关系

矿山环境管理涉及政府、企业和公众三方。政府、企业和公众的目标存在差异，三者之间产生了博弈关系，影响了矿山环境保护的效果。

矿山环境管理部门承担矿山环境保护职责，追求矿山环境保护效果。矿山企业则倾向最大可能地降低成本，追求经济效益，环境治理的意愿较弱。公众主要起监督作用。公众的监督虽然能够对企业履行一定环境责任形成一定的约束，但缺乏立法保障。

第三节 矿山地质环境影响评价制度

一、矿山地质环境影响评价内涵

矿山地质环境影响评价，是指就工程项目选址、设计、施工和建成后对周围环境产生的影响，所进行的调查、预测和估计以及拟采取的防范措施。

二、中国矿山地质环境影响评价制度发展历程

（一）引入和确立阶段（1973~1979年）

1973年8月，北京召开的第一次全国环境保护会议揭开了中国环境保护事业的序幕。1979年中国第一次颁布了《中华人民共和国环境保护法（试行）》，规定扩建、改建、新建工程必须提出环境影响报告书，环境影响评价有了法律依据。[①]

（二）规范和建设阶段（1980~1989年）

《建设项目环境保护设计规定》《国家环境保护总局关于建设项目环境管理问题的若干意见》《建设项目环境影响评价收费标准的原则与方法（试行）》相继出台，对建设项目环境影响评价的适用范围、内容、工作程序和技术方法等作了较为明确的规定。这一阶段颁布的《中华人民共和国海洋环境保护法》《中华人民共和国水污染防治法》《中华人民共和国大气污染防治法》，对环境影响评价的相关内容作了明确规定。这一系列规范性文件的颁布初步建立了环境影响评价制度的实施和管理体系。

（三）完善和提高阶段（1990~2001年）

1998年国务院颁布《建设项目环境保护管理条例》，强化了建设项目环境影响评价，提升了环境影响评价的可操作性，加强了环境保护管理。1999年在北京召开的第三次全国建设项目环境保护管理工作会议，要求认真贯彻落实《建设项目环境保护管理条例》，把中国的环境影响评价制度推向了一个新的阶段。

（四）新发展阶段（2002年至今）

2002年第九届全国人大常委会第三十次会议通过了《中华人民共和国环境影响评价法》，并于2003年9月1日起正式实施。《中华人民共和国环境

---

① 徐韬. 我国环境影响评价的发展历程及其发展方向[J]. 法制与社会，2009（16）：326-327.

影响评价法》是我国第一部环境影响评价的专门法，环境影响评价的法律地位有了明显提升，环境影响评价从过去的项目环境影响评价变为项目环境影响评价和规划环境影响评价，是环境影响评价制度的重大发展。2014 年全国人大常委会对《中华人民共和国环境保护法》进行修订，2016 年环境保护部出台《"十三五"环境影响评价改革实施方案》，2022 年生态环境部出台《"十四五"环境影响评价与排污许可工作实施方案》（见表 6-2），环境影响评价工作在全社会有序推进和实施，为我国矿山地质环境保护的源头预防工作做出了重大贡献。

表 6-2　我国出台的环境保护文件

时间	发布部门	文件名称
1984 年（1996 年修正）	全国人大常委会	《中华人民共和国水污染防治法》
1987 年	全国人大常委会	《中华人民共和国大气污染防治法》
1989 年	全国人大常委会	《中华人民共和国环境保护法》
1995 年	全国人大常委会	《中华人民共和国固体废物污染环境防治法》
1996 年	全国人大常委会	《中华人民共和国环境噪声污染防治法》
1999 年	国土资源部	《关于加强矿山生态环境保护工作的通知》
2000 年	国务院	《中华人民共和国水污染防治法实施细则》
2002 年	全国人大常委会	《中华人民共和国环境影响评价法》
2014 年	全国人大常委会	《中华人民共和国环境保护法》修订
2016 年	环境保护部	《"十三五"环境影响评价改革实施方案》
2022 年	生态环境部	《"十四五"环境影响评价与排污许可工作实施方案》

三、矿山地质环境影响评价主要内容

（一）矿山地质环境影响评价目的

矿山地质环境影响评价目的：①对矿山建设的适宜性作出评估；②对矿山开采发证的审批提供地质环境影响依据；③对矿山地质环境监督管理

提供工作依据和建议；④为矿山地质环境保护、防治地质灾害提供科学依据。

（二）矿山地质环境影响评价报告内容框架

矿山地质环境影响评价报告内容框架包括以下 11 个：①前言；②矿山区自然地理概况；③矿山区地质环境概况；④矿区工程地质；⑤矿床特征；⑥开发利用方案简介；⑦矿山地质环境影响现状评估；⑧矿山地质环境影响预测评估；⑨矿山地质环境影响综合评估；⑩矿山建设适宜性评估；⑪对矿山建设的有关建议。

（三）矿山地质环境影响评价重点

（1）矿业活动诱发的灾害，包括以下七个主要灾害：地面塌陷、地面沉降、地裂缝、山体开裂、崩塌、滑坡、泥石流。

（2）矿业活动导致的水资源、水环境变化，包括区域水均衡破坏、地下水资源枯竭、咸水入侵、矿坑突水、水质污染等。

（3）矿业活动对土壤资源的影响，包括改变土地利用现状、水土流失、土地沙化、土石污染。

（4）闭坑矿山的综合整治，包括消除安全隐患、地质环境监测、土地复垦和改变矿山生态等。①

（四）矿山地质环境影响现状评估

基于矿山开采情况和现存环境地质问题，分析矿山地质环境特征、采选矿等矿业活动对地质环境的影响和作用方式；其中针对现存环境地质问题进行评估，分析环境地质问题类型、危害对象、影响破坏程度、损失情况。

（五）矿山地质环境影响预测评估

（1）基于矿山生产或扩建工程等经济活动引起的矿山地质环境变化，进

---

① 矿山地质环境影响评估的基本技术要求有哪些（一）［EB/OL］. 百度文库, https://wenku. baidu. com/view/d226d70602020740bele9b09. html？_wkts_=1697100619848&bdQuery=矿山地质环境影响评估的基本技术要求, 2023-11-18.

行可能产生的环境地质问题的预测。

（2）基于矿山的种类、规模、开采方法、地质环境特征以及主要环境地质问题，进行地质环境变化趋势和开采潜在危害的预测，其中包括对开采影响的时间、空间范围以及强度的评估。

（六）矿山地质环境影响综合评估

在现状评估和预测评估的基础上，对矿山地质环境进行分区评估，以确定矿业活动对矿山地质环境的影响程度。通常，将影响程度分为严重、中等和较轻三个级别。

第四节 矿山环境治理恢复基金制度

一、矿山环境治理恢复基金内涵

矿山环境治理恢复基金，是为了保证矿山企业或其他采矿权人履行矿山环境保护的义务，在矿山停办、关闭后，做好矿区环境恢复治理和矿山地质灾害预防，由矿山企业向自然资源管理部门或其他矿山生态环境主管部门缴存的备用资金。[①]

二、矿山环境治理恢复基金制度基本内容

（一）矿山环境治理恢复基金制度定义

矿山环境治理恢复基金制度是关于矿山生态环境恢复治理基金缴存、管理和使用的一系列行为规范的总称。[②]

---

① 燕守广，沈渭寿，邹长．新中国矿山环境治理恢复保证金制度[J]．环境科学与管理，2012（6）.
② 孙贵尚，李建中．我国矿山地质环境治理恢复保证金制度评估研究[J]．当代经济，2014（22）：128-129.

（二）矿山环境治理恢复基金制度的实质

建立矿山环境治理恢复基金制度的核心目标在于践行环保原则："谁污染，谁治理；谁破坏，谁恢复。"此举旨在鼓励矿业权益人在采矿过程中保护矿山环境，同时确保在停止运营、闭坑或停产后，受到破坏的矿山生态环境能得到恢复治理。这一制度被视作一种特殊的经济手段和措施。

（三）矿山环境治理恢复基金制度功能及作用

（1）功能：协调矿业开发活动中各主体之间的经济利益与环境利益关系，促进社会公平与正义的实现；调整矿业开发活动中人与自然的关系，促进人与自然的和谐发展。

（2）作用：促使矿山企业及其他采矿权人更好地承担环境责任，治理矿山环境问题，保护矿山生态环境。

三、矿山环境治理恢复基金制度演进历程与成效

（一）我国矿山环境治理恢复基金制度演进历程

1986年，《中华人民共和国矿产资源法》提出了对矿产资源开采、勘查的环境保护要求。

1994年，《中华人民共和国矿产资源法实施细则》将环境保护列入探矿权人、采矿权人义务，明确了矿产资源开发者、使用者对环境负有保护、恢复和治理责任。[①]

1999年，宁夏、黑龙江等地区陆续启动矿山环境治理恢复保证金试点工作。

2003年，《中国的矿产资源政策》白皮书正式提出了建立矿山环境保护和土地复垦履约保证金制度，为我国矿山环境恢复治理保证金制度的建立奠定了基础。

2005年，国务院发布了《关于全面整顿和规范矿产资源开发秩序的

---

① 彭茜，程宏伟，喻上坤. 矿山环境恢复治理保证金制度困境与出路分析[J]. 中国矿业，2017，26（5）：20-24，45.

通知》，要求财政部、国土资源部等部门尽快制定矿山生态环境恢复的经济政策，积极推进矿山生态环境恢复保证金制度等生态环境恢复补偿机制。

2006年，财政部、国土资源部、国家环保总局发布了《关于逐步建立矿山环境治理和生态恢复责任机制的指导意见》，我国矿山环境治理恢复保证金制度正式建立。

2007年，国务院颁布《关于促进资源型城市可持续发展的若干意见》，指出要结合建立矿山环境治理恢复保证金制度试点，研究建立可持续发展准备金制度。①

2009年，国土资源部颁布了《矿山地质环境保护规定》，对矿山地质问题进行了明确界定，并对矿业企业在申请采矿权、缴存矿山环境治理恢复保证金、矿山地质环境恢复治理方面提出具体要求，第一次以国务院部门规章的形式对保证金制度做了较详细的规定。

2013年，《矿山生态环境保护与恢复治理技术规范（试行）》明确了矿山恢复治理的概念。

2017年，《矿产资源权益金制度改革方案》提出将矿山环境治理恢复保证金调整为矿山环境治理恢复基金。

(二)我国矿山环境治理恢复基金制度成效

1. 出台了矿山环境治理恢复保证金管理规章

我国的31个省(自治区、直辖市)积极实施矿山环境治理恢复保证金制度。针对矿山环境治理恢复保证金管理制度建设，各省(自治区、直辖市)采取以下形式发布了相关文件：吉林、安徽、湖北、陕西和新疆共5个省(自治区)是以省(自治区)人民政府令的方式出台的，天津、山西、内蒙古、浙江、湖南、四川、贵州、云南、宁夏和江苏共10个省(自治区、直辖市)是以省级人民政府发文方式出台的，北京、河北、辽宁、黑龙江、福建、江西、山东、河南、广东、广西、重庆、甘肃、青海共13个省(自治区、直辖市)是以省属部门联合发文形式出台的，上海、海南和西藏3省(自治区、直辖市)是以国土资源主管部门单独发文形式出台的。

---

① 康庄. 矿山生态环境恢复治理保证金制度研究[D]. 赣州：江西理工大学，2010.

2. 建立了矿山环境治理恢复保证金收缴管理方式

矿山环境治理恢复保证金缴存核定管理通常遵循企业所有、政府监管、专户储存以及专款专用的基本原则，实行分级负责制。保证金缴存核定管理依据采矿许可证发放权限，由省、市、县三级人民政府的组成部门负责。省（自治区、直辖市）矿山环境治理恢复保证金的缴存管理主要存在四种模式：自然资源部门独立管理、自然资源部门与财政部门分工管理、自然资源部门与财政部门共同管理，以及环保部门与财政部门分工管理。

3. 制定了矿山环境治理恢复保证金缴存标准

矿山环境治理恢复保证金的缴存标准有三种：基于采矿许可证登记面积的缴存基价、以矿种和采矿许可证登记面积为计算依据的缴存基价，以及基于矿种矿石产量的缴存基价。缴存标准受多种因素影响，包括矿区面积、开采方式、矿山规模、采石量、地表坑道口数、基价、采场数等。

4. 建立了矿山环境治理恢复保证金缴存、返还与动用机制

（1）保证金缴存机制。已经建立矿山环境治理恢复保证金缴存账户的各省（自治区、直辖市）均实行现金或者现金账户划转的方式缴存，不接受其他资产抵存。矿山环境治理恢复保证金缴存以一次性缴存和分期缴存并行或者独立形态存在。

（2）保证金返还机制。缴存矿山环境治理恢复保证金的矿山达到了治理恢复的标准，可以申请返还。保证金的返还根据采矿权人（矿山企业）的矿山环境治理恢复义务履行程度，按照一定比例逐步返还或者一次性返还，各省（自治区、直辖市）在返还方式和返还比例上略有不同。

（3）保证金的政府动用机制。当责令限期治理而采矿权人拒不治理恢复其破坏的矿山环境，或者采矿权人未按照批准的矿山环境保护与治理恢复方案进行治理恢复，抑或虽经治理恢复，但是工程验收不合格，且逾期治理仍然不能达到要求时，矿山环境治理恢复保证金的缴存管理部门可以动用其缴存的保证金本金和利息，以公开招标的形式组织有资质的单位进行治理恢复。①

---

① 孙贵尚，李建中. 我国矿山地质环境治理恢复保证金制度评估研究［J］. 当代经济，2014（22）：128-129.

四、矿山环境治理恢复基金基本内容

(一) 矿山环境治理恢复保证金调整为矿山环境治理恢复基金

2017 年 4 月，国务院颁布《矿产资源权益金制度改革方案》，明确将"矿山环境治理恢复保证金"调整为"矿山环境治理恢复基金"。这项制度的重大变革，不仅是对我国保证金制度"保证金缴存和返还的具体规定不完善""矿权人履行治理恢复义务的法律责任不明确""管理方式不一""审批动用程序较复杂"等环境治理责任落实不到位问题的回应，也是对我国保证金管理的制度创新。矿山环境治理恢复保证金"先治理、后返还"的模式使企业预存的矿山环境治理恢复保证金在开采期间无法被企业提取使用，导致企业资金压力大、生态欠账多、政府监管难。而基金是通过建立基金的方式，筹集治理恢复资金，"先提取，后使用"的模式缓解了企业压力。矿山环境治理恢复基金的制度优势体现在以下三个方面：

(1)明确企业矿山环境治理恢复责任。

(2)建立矿山环境动态监管机制。

(3)提出通过建立基金的方式，筹集治理恢复资金。

(二) 基金的提取

(1)矿山企业每月按照原矿销售收入、开采矿种系数、开采方式系数、地区系数等综合提取基金。

(2)新建矿山建设期可不计提基金，但应同步实施矿山建设工程引发和加剧的地质灾害、地形地貌景观破坏等治理恢复，工程核定费用可以通过后期提取的基金进行抵扣。矿山企业应在关闭矿山前一年提取足够的基金，用于未来实施的矿山环境治理恢复、土地复垦和管护等工程。

(3)同一矿山，露天开采、地下开采空间位置不重叠时，应当按照不同的开采系数分别提取基金，当空间位置发生重叠时采取"就高"原则。同时开采两种以上矿产资源且空间位置不重叠的，按照不同矿种系数分别计提基金。

(4)采矿权人变更开采矿种、开采方式、开采规模及开采范围的，应当按照变更后的主采矿种、开采方式、开采规模及开采范围重新编制《矿产资源开发利用、地质环境恢复治理与土地复垦方案》(以下简称《方案》)并核算提取基金。

(5)提取的年度基金累计不足用于本年度矿山环境治理恢复与土地复垦费用的,或低于《方案》中估算的年度治理恢复与土地复垦费用的,应以本年实际所需费用或《方案》中估算年度费用进行补足。

(三)基金的使用范围

(1)矿山建设和开采引发、加剧的矿山崩塌、滑坡、泥石流、地面塌陷及裂缝、地形地貌景观与含水层破坏、植被损毁等治理恢复的支出。

(2)因矿山建设和开采损毁的土地复垦的支出。

(3)矿山环境与土地复垦监测和管护工程的支出。

(4)矿山进行开发式治理的支出。

(5)矿山环境治理恢复与土地复垦工程勘查、设计、竣工验收等支出。[1]

(四)基金的监督管理

(1)矿山企业应与所在地县级自然资源主管部门、银行共同签订基金使用监管协议,并明确基金提取与使用的时间、数额、程序、条件和违约责任等。[2]

(2)矿山企业应按时(季度、半年、年度)将基金提取、使用情况,环境治理恢复与土地复垦成效(半年、年度)及下一年度环境治理恢复与土地复垦计划上报县级自然资源主管部门,逐级审核后报省级自然资源主管部门。基金的提取、使用及环境治理恢复与土地复垦工程的执行情况,列入矿业权人勘查开采信息公示系统。[3]

(3)在动态监督检查方面,省、市自然资源部门将与同级财政和环境保护部门合作,采取"双随机、一公开"的方法,对基金的提取、使用情况以及环境治理恢复和土地复垦工作进行监督。

(4)对于不按规定提取、使用基金或不按要求报送基金提取、使用情况

---

① 乔佳妮, 赵莎莎. 规范矿山环境治理与土地复垦基金使用[N]. 中国矿业日报, 2018-07.

② 刘向敏, 余振国. 矿山地质环境治理恢复基金制度研究[J]. 中国国土资源经济, 2022, 35 (1): 35-42.

③ 吕苑鹃. 我国首建40个矿产资源综合利用示范基地[N]. 中国国土资源报, 2011-05-11 (001).

的，以及未按照《方案》开展环境治理恢复与土地复垦的，将其列入矿业权人异常名录或严重违法失信名单，责令其限期整改；对于逾期不整改或整改不到位的，不予办理其采矿许可证的申请、延期、变更、注销，不批准其申请新的建设用地。① 对于拒不履行环境治理恢复与土地复垦义务的矿山企业，自然资源部门会同有关部门对其违法违规信息建立信用记录，纳入全国共享平台并向社会公布，并就其破坏矿山环境的行为向人民法院提起公益诉讼，要求其进行损害赔偿，对其进行处罚及追究法律责任；情节严重的，由自然资源部门会同环境保护部门提请同级人民政府责令矿业企业退出、关闭。② 对拒不履行生效法律文书确定义务的被执行人，将由人民法院将其纳入失信被执行人名单，依法对其进行失信联合惩戒。

(5) 矿山企业不履行环境治理恢复与土地复垦义务或履行不到位且拒不整改的，可由自然资源部门委托第三方进行环境治理恢复，该费用从矿山企业提取的基金中列支。

---

① 乔佳妮，赵莎莎. 陕西规范矿山环境治理与土地复垦基金使用[N]. 中国矿业报，2018-07.

② 何伟. 新疆规范矿山地质环境治理恢复基金管理[N]. 中国自然资源报，2022-02-10 (002).

矿产资源综合利用管理

第一节　我国矿产资源综合利用内涵和属性

一、矿产资源综合利用内涵

矿产资源综合利用有狭义和广义之分。

狭义的矿产资源综合利用是指在矿产资源开发过程中，对共、伴生有价元素进行综合勘探、开采和合理利用，并采取先进技术和生产工艺提高回采率和选矿回收率，在一定经济技术条件下最大限度地综合开发共、伴生资源。[①]

广义的矿产资源综合利用是指全面、充分和合理利用矿产资源的过程，包含矿山生产加工过程和社会消费过程的综合利用。矿山生产加工过程的综合利用是指在矿产资源开采、选矿和冶炼的过程中，提高矿产资源开采回采率、选矿回收率和综合利用率；社会消费过程的综合利用是指对废旧矿产资源的回收再利用。[②]

矿产资源综合利用是一个复杂的系统工程，包含地质勘查、采矿、选矿和冶炼等各个生产环节。

在地质勘查环节，矿床勘查需要对共生和伴生矿产进行综合性勘查与评价，为矿产资源综合利用奠定了基础。

①　姚华军，付英，贺冰清，等. 矿产资源管理研究［M］. 北京：地质出版社，2015.
②　李政. 经济全球化背景下我国矿产资源可持续利用战略与机制［J］. 社会科学辑刊，2012（4）：141-146.

矿床开采要做到综合设计、综合开采，提高开采回采率。采矿方法主要包括空场法、崩落法以及充填采矿法等，采矿工艺以及技术、设备的创新，将影响采矿效率。采矿要根据我国矿山的实际情况，探索综合措施，选择主要采矿设备以及与之配套的辅助机械，未来采矿将向无轨化、高效化、自动化和智慧化方向发展。

在选矿阶段要采用先进的选矿和冶炼技术，以提高选矿回收率、综合利用废弃物、综合回收有价组分。选矿应根据矿石固有的物理及化学性质，采用不同的方法。选矿的工艺流程复杂，包括矿石破碎、磨矿、分选等环节。破碎就是将大块原始矿石物料破碎为小块规格，满足相关技术部门对矿石粒度的要求。磨矿主要是基于钢棒、砾石、钢球等硬物介质与矿物本身产生摩擦，实现对矿物最大限度的解离，最后保证碎石粒度符合选矿工序物料要求。分选环节分为选分与选别，在矿物被完全分选后就会出现精矿与尾矿两种产品。[①] 对不同矿种进行分类选矿技术处理，为优化冶炼工业流程、夯实原料分选前期技术基础，需要减少、去除矿种的有害杂质，最大限度地体现矿产资源的工业利用价值以及生产力发展水平。在矿石磨矿后进行选别，并根据当时的条件选出有用矿物，剩下不适合再分选回收利用的矿山固体废料称为"尾矿"。鉴于我国伴生矿多，有些矿床中共(伴)生有用组分的价值远远超越了主矿产价值，同时我国选矿回收率低，很大部分的共(伴)生矿物和有价元素进入尾矿中，故而开发利用尾矿拥有巨大的经济效益。应对暂时不能综合利用和含有有价组分的尾矿进行妥善保存处理。目前，我国采用了荒地筑坝堆存等一系列可靠措施来达到维护管理尾矿的目的。

矿产资源综合利用情况主要通过"三率"指标衡量：

（1）开采回采率。开采回采率是指采矿过程中采出的矿石或金属量与该采区拥有的矿石或金属储量的百分比。开采回采率越高，说明采出的矿石越多。[②]

（2）选矿回收率。选矿回收率是指精矿中某一有用成分的质量与入选原矿中同一有用成分质量的百分比。选矿回收率的高低影响着出品矿的质

① 王宏宇，王美苹. 煤炭企业非财务绩效评价指标体系探析[J]. 煤炭经济研究，2011 (8)：67-71.

② 龙文芹. 矿产资源的选矿及其方法探讨[J]. 中国战略新兴产业，2017(40)：79.

量以及出品矿的品位。

（3）综合利用率。综合利用率是指当期采选过程中废石或尾矿利用量与产生量的百分比。综合开发与合理利用针对共生、伴生矿；回收和合理利用针对生产过程中产生的废渣、废水、废气、余热、余压。

二、矿产资源综合利用基本属性

我国贫矿多、富矿少，共伴生矿多、单一矿少，特殊的地质成矿条件决定了矿产资源综合利用成为我国一种普遍存在，同时也是取得某些矿物原料的关键手段。在中国开发利用的 100 多个矿种中，有部分矿种为伴生矿产（见表 7-1）。铋、铼、银、铂族金属和稀有元素几乎百分之百是综合回收产品。世界上 50% 的钼来自铜选厂综合回收，黄金约 1/3 来自综合回收，硫酸约有 30% 来自有色金属冶炼烟气回收。

表 7-1　我国部分矿产资源伴生有用元素

矿种	有用伴生元素	矿种	有用伴生元素
铁矿	钴、镍、铜、钼、铅、锌、锡、钛、钒、镉、镓、稀土、磷	铜	铁、铅、锌、镍、钴、锑、金、银、砷、硒、碲、镉、镓、铼、铊
锰	铁、钴、镍、稀有金属	铬	铂金金属、钴、钛、钒、镍
铅锌	铜、金、银、镉、锗、锑、铋、锡、铟、镓	钨	锡、钼、铋、金、银、铜、铅、锌、铌、钽、砷
锡	铜、铅、锌、钨、铋、钼、银、锑、砷、铌、钽、硫、砷、铁	钼	钨、锡、铜、铅、锌、金、银、铋、锂、铍、铼、硫
铝	镉、钒、钛、锗	镍	铜、铁、铬、钴、锰、铂族
汞	锑、铜、铀、钼、砷、铋、金、银、铊	磷	铀、锰、锂、铍、锗、镧、钇、钛、钒、铁铂稀有元素
锑	汞、金、钨	金	银、铜、铅、锌、锑、钼、铋、铍
铂	铜、镍、钴、金	铍	铌、钽、锂、钨、锡、铅、锌
锂	铌、钽、铍、铷、铯	钾盐	硼、锂、碘、溴、锶、铷、镁
煤	铀、锗、镓、铟、硫		

矿产资源综合利用的对象主要是低品位矿产资源(主矿产)、共伴生矿产资源和废弃物(废石、矸石、尾矿、废水、余热、尾气等)。矿产资源综合利用具有三个重要意义：一是具有减废增储功能，将原来不能用的"呆矿"变为可用资源，促进资源"被充分利用"，甚至"变废为宝"；二是具有环境保护功能，矿产资源综合利用能减少废水、废弃等污染物排放，降低对矿山地质环境的影响，具有正外部性；三是具有规模经济效益，矿产资源综合利用达到一定规模后，生产成本会降低，规模效益和经济效益会显著提高。

第二节　我国矿产资源综合利用现状

一、矿产资源综合利用新形势

(一)矿产资源基本国情的刚性约束大

节约与综合利用矿产资源是盘活存量、加快矿产资源利用方式转变的重要抓手，是实现经济社会持续健康发展的内在要求。我国正处于建设社会主义现代化强国的重要战略机遇期，新型工业化、信息化、城镇化、农业现代化、绿色化协同推进，资源能源需求持续增加，人均矿耗逐年提高。但是，我国矿产资源的基本国情是人均资源少、优质资源不足，人均探明矿产资源储量仅占世界平均水平的58%，低品位、共伴生、难选冶矿多，开发利用难度不断加大。基本国情不可改变，发展阶段不可逾越，决定了我们不能再走过度消耗资源的老路，而必须走出一条矿产资源集约节约与综合利用新路。

(二)生态文明国家战略对矿产资源综合利用提出新要求

1997年全国人大常委会通过、2007年修订的《中华人民共和国节约能源法》规定："节约资源是中国的基本国策。国家实施节约与开发并举、把节约放在首位的能源发展战略。"党的十八大报告提出："面对资源约束趋紧、环境污染严重、生态系统退化的严峻形势，必须树立尊重自然、顺应自然、保护自然的生态文明理念，把生态文明建设放在突出地位。"党的二十大报告提出："中国式现代化是人与自然和谐共生的现代化。"生态文明国家战略的纵深推进，对矿产资源节约和综合利用提出了新要求、新使命和新任务。

二、我国矿产资源综合利用积极进展

(一)广泛开展重要矿种"三率"调查与评价

"三率"指标分别为开采回采率、选矿回收率、综合利用率，是矿山企业利用矿产资源的"底线"，是矿山设计、开发利用方案编制、监管矿山企业开发利用矿产资源情况的依据，有利于引导、激励和约束矿山企业节约集约利用矿产资源、提高利用水平。自然资源部对石油、煤炭、铁、铜、铅锌、金、钾盐等重要矿种展开"三率"调查，调查内容包括企业基本情况、矿山储量情况、开采技术条件、矿山采选情况、尾矿等废弃物利用情况、新技术新工艺情况等，相继发布煤、钒钛磁铁矿、金、磷、高岭土、铁、铜、铅、锌、稀土、钾盐、萤石等重要矿种"三率"最低指标要求，划定矿山企业开发节约与综合利用"红线"。

(二)积极开展矿产资源综合利用示范基地建设

全国首批40个矿产资源综合利用示范基地，分为油气、煤炭、黑色金属、有色金属、稀有稀土、非金属、铀矿7个类型，其中油气类共6个、煤炭类共5个、黑色金属类共4个、有色金属类共14个、稀有稀土类共4个、非金属类共6个、铀矿共1个(见表7-2)。示范基地建设以重要优势矿产为重点，如能源矿产、国家急需大宗支柱性矿产和"三稀"，将分布相对集中、潜力大、综合利用前景好的矿产资源作为选择资源，并在各个方面加大支持力度，如资源配置、矿业用地、财税政策。建设矿产资源综合利用示范基地，盘活并增加了大量资源，明显提升了国内资源的供给能力。

表7-2　我国首批40个矿产资源综合利用示范基地名单

类别	基地名称
油气类（共6个）	长庆姬塬油田特低渗透油藏综合利用示范基地
	吐哈盆地致密砂岩气高效开发示范基地
	山东胜利油田低渗油藏综合利用示范基地
	贵州黄平页岩气综合利用示范基地
	陕西延长页岩气高效开发示范基地
	吉林桦甸油页岩综合利用示范基地
煤炭类（共5个）	准格尔矿区煤炭绿色开采及伴生资源综合利用示范基地
	山东新汶煤炭资源综合利用示范基地
	甘肃窑街煤炭资源综合利用示范基地
	山西大同塔山特厚煤层资源综合利用示范基地
	安徽省淮北矿区煤炭资源综合利用示范基地
黑色金属类（共4个）	四川省攀枝花钒钛磁铁矿综合利用示范基地
	河北冀东地区铁矿资源综合利用示范基地
	安徽省马鞍山铁矿资源综合利用示范基地
	湖北省鄂西地区宁乡式铁矿综合利用示范基地
有色金属类（共14个）	甘肃省金川铜镍多金属矿资源综合利用示范基地
	湖南省柿竹园多金属资源综合利用示范基地
	广西平果低品位铝土矿综合利用示范基地
	广西南丹大厂锡多金属矿资源综合利用示范基地
	河南栾川钨钼铁资源综合利用示范基地
	江西省铜矿资源综合利用示范基地
	江西赣南钨矿资源综合利用示范基地
	福建省上杭紫金山铜金及有色金属资源综合利用示范基地
	云南省红河州个旧市锡多金属矿资源综合利用示范基地
	广东省韶关大宝山铁铜硫资源综合利用示范基地
	吉林省白山浑江镁、赤铁矿、煤炭资源综合利用示范基地
	哈尔滨铜锌铁资源综合利用示范基地
	安徽省铜陵有色金属资源综合利用示范基地
	陕西省金堆城钼矿资源综合利用示范基地

类别	基地名称
稀有稀土类 （共4个）	内蒙古白云鄂博稀土、铁及铌矿资源综合利用示范基地
	江西赣州稀土资源综合利用示范基地
	山东黄金资源综合利用示范基地
	河南灵宝—卢氏矿集区金银多金属资源综合利用示范基地
非金属类（共6个）	辽宁凤城翁泉沟硼铁矿综合利用示范基地
	云南磷矿资源综合利用示范基地
	贵州开阳磷矿资源综合利用示范基地
	青海柴达木盆地盐湖综合利用示范基地
	湖北宜昌中低品位磷矿综合利用示范基地
	浙江萤石资源综合利用示范基地
铀矿（共1个）	新疆伊犁铀矿资源综合利用示范基地

资料来源：《关于首批矿产资源综合利用示范基地名单的公告》。

案例 7-1 湖南省柿竹园多金属资源综合利用示范基地

湖南省柿竹园多金属资源综合利用示范基地地处郴州市东城区柿竹园，为全国五大矿产资源综合利用基地之一。该基地所在的湖南柿竹园有色金属有限责任公司（以下简称柿竹园公司）是一家集探矿、采矿、选矿、冶炼、贸易于一体的国有大型企业，是世界五百强企业中国五矿集团旗下的重要成员企业。柿竹园钨钼铋多金属矿床目前保有资源储量钨62万吨、钼10万吨、铋26万吨、萤石6600万吨，其中钨、铋资源储量为世界第一。该矿床因其储量大、矿物品种多达143种，被中外地质专家誉为"世界有色金属博物馆"。

柿竹园科技攻关。柿竹园多金属矿矿床规模巨大、矿体集中、矿石物质组分复杂、有用成分较多且储量丰富，蕴藏矿物种类多达143种。虽然储量大，但易采难选，传统多金属矿选矿加工技术较复杂落后，钨钼铋复杂多金属矿回收利用率低。针对这一情况，柿竹园公司积极创新选矿技术，研发了柿竹园法，每年可节约或增收钨锡钼铋金属量 970.4 吨，延长矿山服务期限 22.5 年。通过科技攻关，极大地提升了选矿回收率和资源综合利用率，突破了我国难处理低品位钨、钼、铋、萤石矿产资源综合开发利用的选矿关键技术，形成了一整套低品位钨钼铋矿石的选矿技术，提高了低品位钨钼铋矿的选矿技术经济指标，使我国在该领域整体上达到国际先进水平。

柿竹园坚持矿业循环经济。中国在粉煤灰、煤研石及矿山尾矿的综合利用方面做了许多工作，取得了一定的成绩，如在产业方面，建立了以煤炭研磨发电、制砖和利用粉煤灰制造水泥等为核心的产业链。令人欣喜的是，一些矿业城市已经实现了粉煤灰的全面综合利用，利用率达到了 100%。在湖南柿竹园的金属矿山尾矿中，仅萤石就占全国伴生萤石储量的 73%。尾矿库渗出的水经过净化，回流到蓄水池中，再用水泵抽出，进行喷淋，如此循环利用。现在，复垦完成之后，废弃的水泵房仍立在蓄水池旁，200 多米长的水池里养殖鱼形成循环经济。

矿山环境综合治理。柿竹园以矿山环境生态化建设为目标，以历史遗留矿山地质环境问题治理为重点，推进园林式厂区及公园式社区建设。在建设园林式厂区的过程中，柿竹园持续推行 6S 精益管理，引入信息化手段提升设备精细化管理水平，规范操作流程，开展班组自查自纠活动，巩固和提升了现场标准化管理水平，厂区环境进一步得到提升。为了更好地开展公园式社区建设，柿竹园区甚至引入了郴州市城市化管理体系，进行道路改造和绿化提质，建设了四个社区小公园，道路交通标识完备，环境良好。

矿山公园。郴州柿竹园国家矿山公园是湖南省最大的国家级矿山公园，2012 年启动建设。公园规划面积 86.66 平方千米，核心景区面积 47.06 平方千米。主题公园位于东河东侧，占地 980 亩。主题公园建在废石流堆上，建设期间共转运尾砂 4 万立方米，治理污染土壤 340 亩。广场两侧栽种的 16 棵铁树，硕大的底盆取自公司下属的钼冶炼厂废弃的冶炼钢锅。

资料来源：湖南柿竹园有色金属有限责任公司官网，http://bwg.hnszy.com/szyweb/menu.go? method=style1&menuName=zzjg；邹礼卿. 华丽转身：

从宝山到柿竹园——湖南郴州建设国家级矿山公园之路［N］．中国矿业报，2013-11-14；袁子钢．柿竹园公司 6S 精益管理推进党员示范岗项目创建纪实［N］．中国有色金属报，2020-01-14；西门雨．柿竹园有色金属公司创新利用有色金属矿产资源［J］．创新科技，2013（2）：60-61.

（三）突破矿产资源综合利用关键技术

自然资源部分两批发布了 99 项先进适用技术的推广目录，总结并推广先进技术，介绍了先进技术推广重点领域、适用范围、基本原理、技术指标、典型案例，供矿山企业参考借鉴。

1. 低渗、超低渗油气资源开发利用技术

延长油田石油开发近年来形成了以"精细油藏描述、油田产能建设、注水开发和水平井开发"为核心的特（超）涉油藏开发技术，为延长油田科学、规范、有序、高效开发提供了有力的技术支撑。平均单井产量从 2 吨提升为 8~10 吨，增长了 3~4 倍，同时单井开采效率提升了 3%～5%。这一成就使我国成为全球在低渗透和超低渗透油藏开发方面取得显著效益的先行者。

2. 油页岩等非常规能源实现规模化产业化开发利用技术

我国能源结构为富煤、贫油、少气。油页岩属于非常规油气资源，我国油页岩资源较丰富，储量仅次于煤炭，石炭系—第三纪都有产出。通过热解过程，可以获得与原油相似的页岩油以及可以替代天然气的煤气。这些产物作为常规能源的有效补充，为我国能源资源的开发开辟了新的道路，对改变我国能源结构具有非常重要的战略意义。

3. 页岩气勘探开发试点取得突破

页岩气被归类为非常规气藏，又被称作"人工气藏"，其开采需要将页岩岩石压碎以释放气体。这个过程被业界认定为全球性的难题，其中水平井技术被视为关键。目前，中国石化的水平井技术可以在小于 5 米的误差范围内、定向钻进超过 4 千米。此举标志着我国在页岩气超长水平井钻探方面取得了重要突破，将有力推动我国页岩气的高效开发，保障国家能源安全。

4. 创新"以矸换煤"绿色开采方式

"以矸换煤"是一种充分利用井下和井上废石，通过在煤炭采空区进行废石充填置换滞留煤炭资源的开采方式，可有效地减少废石排放和土地占用，提高煤炭资源的综合回收率。该方法的核心节能技术和工艺可以分为井下和井上废石充填两大部分。

井下主要是在采煤过程中利用原始的废石直接填充到采空区，实现了在开采的同时进行废石充填。井上主要是在地面上建设煤矸石似膏体充填制备站，使用煤矸石似膏体管道自流充填技术，将地面上的废石回填到井下的工作面。

这项技术的应用摒弃了传统煤炭开采的弊端，实现了"减少占地、减轻塌陷、减少污染、增加资源"的目标，从而实现了煤炭开发方式的重大改变，具有重要的推广和应用价值。

5. 钒钛磁铁矿等资源综合利用关键技术取得新突破

钒钛磁铁矿是我国重要的特色多金属伴生矿产资源，储量巨大，并且富含铁、钒、钛、铬等多种金属，具备较高的资源综合利用价值。攀枝花地区通过铁精矿提质降杂技术，有效地降低了铁精矿的冶炼成本，同时减轻了冶炼过程对环境的影响；对于中深部难选橄辉岩型钒钛磁铁矿资源，研制出了搭载复合力场的高效选铁精选装备，以及全新的选矿技术，这一创新实现了选铁和选钛技术的重大突破。此外，攀枝花还开发了高钛渣生产新技术，成功解决了攀西地区钛精矿中富含钛和镁的技术难题；提出了铁钛钒整体利用新技术，实现了从单一铁利用到铁、钛、钒多元综合利用的重大突破。这些创新不仅对当地矿山企业的可持续发展至关重要，而且对整个攀西地区以及全国范围内钒钛磁铁矿资源的综合回收利用都具有重要的指导意义。

6. 有色伴生多金属资源实现高效综合回收技术

针对目前具有重要战略意义且以共伴生形态存在于其他主矿种中的铼、硼、锂开展了综合利用技术研发。采用离子交换工艺和改良的交换树脂，可从钼矿焙烧淋洗液中回收铼，回收率可达 95%；采用分选和萃取结合的工艺，可从油田卤水老卤中回收锂、硼、铯，回收率分别约为 62%、90%、58%；采用磁选工艺，可将铁矿中共伴生的钴回收，回收率可达 86%。

7. 难利用固体钾盐开采和低品位胶磷矿选矿关键技术实现突破

青海盐湖示范基地采用老卤（废液）溶解技术，成功开采了盐湖中低品位固体钾矿。这种创新方法不仅节约了淡水资源，还减少了废液排放，同时还使近 2 亿吨的钾盐资源得到充分开发利用。

云南将浮选柱技术应用于胶磷矿选矿中，解决了全球性的难题。这一创新技术的开发具备自主知识产权，成功将胶磷矿的品位从23.0%降至20.9%，从而在全国范围内可重新开发近30亿吨的资源量。这一成就显著提升了我国磷矿资源的保障能力。

(四)探索矿产资源利用新模式

1. 充填开采模式

充填采矿法属人工支护采矿法。在矿房或矿块中，随着回采工作面的推进，向采空区送入充填材料，以进行地压管理、控制围岩崩落和地表移动，并在形成的充填体上或在其保护下进行回采。以新汶(山东能源新汶矿业集团)、铜陵(铜陵有色金属集团股份有限公司)、开磷(贵州开磷集团有限责任公司)为代表，代表了我国矿山建设的发展方向。①

2. 矿地和谐模式

矿地和谐本质上就是企业在获得经济收益的同时，与周边的村民能够共享资源开发的红利。以云南磷化集团有限公司为代表，开一方资源，惠一方百姓，促一方发展，百姓参与矿山建设，分享收益。平果铝(平果铝业有限公司)、神华(神华准格尔能源有限责任公司)边开采边复垦边归还，实现了采矿无痕。

3. 油气资源井工厂开发模式

所谓"井工厂"，就是在一个平台上流水线式集中进行钻井、完井、压裂等作业，以密集的井位形成一个开发"工厂"。这种开发模式，改变了以往产能建设钻完一口井、压裂一口井、投产一口井，产建周期较长的局面，可以缩短钻井周期，降低单井费用，提高生产时效。以胜利石油工程公司为代表，变"一井一场"为"多井一场"，提高采油率，节约用地。

4. 产业集群发展模式

产业集群发展是世界范围内的一种重要经济现象。煤炭产业集群既是煤炭产业实现产业转型的重要途径，也是社会经济发展的必要之路。我国煤炭产业若要取得持续发展，必须走产业集群化道路。② 以神华准格尔能源有限责任公司、同煤大唐塔山煤矿有限公司、窑街煤电集团有限公司为代

---

① 迟宇. 充填开采 尾矿华丽转身[J]. 矿业装备, 2011(5): 38-39.
② 翟燕妮, 席宇. 煤炭产业集群发展之路[J]. 合作经济与科技, 2008(22): 17-18.

表，延伸产业链，提高效率及附加值。

5. 资源综合利用模式

矿产资源综合利用是综合找矿、综合勘查、综合评价、综合开发和再利用。白云鄂博矿区铁、稀土、铜多金属共伴生矿含有丰富的铁、稀土、铌、钾、氟、铳、钛等资源，白云鄂博矿区对共伴生元素进行了综合利用。铜陵有色金属集团控股有限公司、广西华锡集团股份有限公司、金川集团股份有限公司、江西铜业集团有限公司发展精矿产品深加工，实现了资源综合利用效益最大化。

三、我国矿产资源综合利用面临的问题

(一)综合利用水平相对偏低

截至 2023 年，我国共伴生矿产资源综合利用潜在价值高，但据不完全统计，综合利用率不足 50%，亟须深度挖掘开发利用。[①] 就矿产种类而言，我国实际开展综合利用的矿种仅占可以进行综合利用的矿种总数的 50% 左右。就数量而言，我国铜、铅锌矿产伴生金属冶炼回收率平均为 50% 左右，发达国家平均在 80% 以上。我国在伴生金的选矿回收率方面仅达到 50% ~ 60%，伴生银的选矿回收率也只有 60% ~ 70%。与国外先进水平相比，这存在较大差距。开采回采率总体呈"稳中稍降"的趋势，主要矿种开发逐步转向低品位矿和难采选矿。[②]

(二)技术水平相对落后

我国矿产资源综合利用技术的开发和应用，同发达国家仍有较大差距。"三废"资源综合利用技术与工艺设备落后，先进的矿产资源综合利用工艺、技术和设备尚未在矿业企业中普遍应用。许多中小型矿山企业共伴生有用组分综合评价、综合利用的技术投入程度不够，有些企业则因采、选、冶工艺流程不太合理而严重影响了矿产资源的综合利用。随着主要矿山采出

---

① 中国矿业网：矿产资源综合利用支撑新一轮找矿突破［EB/OL］. http：//www. chinamining. org. cn/index. php？m＝content&c＝index&a＝show&catid＝6&id＝43314.

② 蒲含勇，张应红. 论我国矿产资源的综合利用［J］. 矿产综合利用，2001(4)：19-23.

品位逐渐下降、开采深度不断增加、开发难度逐渐上升，我们亟须以技术创新来推动矿产资源综合利用水平的提升。

(三)矿山废石堆存量大

随着矿产资源开发利用的推进，尾矿加速排放。全国铁矿和有色及稀贵金属矿累计堆存量超过 600 亿吨，非金属矿(煤炭开采除外)累计堆存量超过 100 亿吨，全国非煤矿山开采累计堆存超过 700 亿吨，并且铁矿、煤炭、金矿、铜矿和磷矿 5 种废石的排放量约占 20 种矿产废石排放总量的 88%，由此可见我国废石堆存量大。废石利用量均不及增量，我国煤矸石产率 15% ~ 20%，利用率 62%，粉煤灰利用率 68%。铁矿废石利用率不及年度新增的 20%。铜矿废石利用量和堆存量呈现双增长，但废石综合利用率尚不足 4%。[1] 截至 2015 年，有色金属矿区中，85% 以上是多元素共伴生矿产。[2]

第三节 我国尾矿资源综合利用

一、尾矿资源的堆存现状

尾矿是选矿厂在特定的经济技术条件下，对矿石进行精细磨矿和有用成分的分选后产生的固体废弃物。尾矿通常含有各种有色金属、黑色金属、稀有金属、稀土元素以及非金属矿物等多种成分，因此被视为具有宝贵价值的二次矿产资源。例如，从铜尾矿中可以提取出铜、金、银、铁、硫、萤石、硅灰石、重晶石等多种有用成分；而从锡尾矿中也可以回收铅、锌、锑、银等多种金属元素。化工、黑色金属矿山中，尾矿量要占矿石量的 50% ~ 80%；有色金属矿山中，尾矿量则占矿石量的 70% ~ 95%；在黄金、钼、钨、钽、铌等稀有金属矿山中，尾矿量更是占矿石量的 99% 以上。尾

---

① 王永卿，张均，王来峰. 我国矿山固体废弃物资源化利用的重要问题及对策[J]. 中国矿业，2016，25(9)：69-73，91.
② 适应新常态，有效推进矿产资源综合利用[EB/OL]. (cgs. gov. cn). https：// www. cgs. gov. cn/xwl/ddyw/201603/t20160309_300328. html.

矿是金属和非金属矿山废弃物中数量最大、综合利用价值最高的一种资源，有待进一步开发、回收。

截至 2019 年，我国现有三等以上大中型尾矿库约 500 座，占总数的4.2%，四等、量总数五等小型尾矿库约 12000 座，占总数的 95.8%，总计共有尾矿库约 12600 座。现如今我国产出量最大的固体废弃物就是尾矿，它已对环境造成了重大影响，并存在很大的安全隐患。① 这庞大的尾矿堆存不仅意味着对资源的巨大浪费，也必然会对环境造成不良影响。尾矿堆存可能导致农田受损、环境遭到破坏、给国家和企业带来严重的经济负担，必须采取一系列措施对其进行管理。综合回收与利用尾矿资源不仅能最大限度地利用矿产资源，扩展其应用范围，延长矿山寿命，还是治理污染和维护生态平衡的关键手段，能节省大量土地和资金。鉴于全球矿产资源供应紧张的现状，充分开发长期积累的尾矿资源已成为我国矿业可持续发展的必然选择。

二、尾矿综合利用的途径

(一)尾矿传统处理方法

为了避免废石和尾矿被水冲刷或风吹扬导致环境污染，世界各国普遍采取尾矿无害化处理。尾矿传统处理方法如表 7-3 所示。

表 7-3　尾矿传统处理方法

序号	处理方法	具体措施
1	物理法	向细粒尾矿喷水，覆盖石灰和泥土，用树皮、稻草覆盖顶部
2	植物法	在废石或尾矿堆场上栽种永久性植物
3	化学法	利用可与尾矿化合的化学反应剂(水泥、石灰、硅酸钠等)，在尾矿表面形成固结硬壳
4	土地复原法	在因开采被破坏的土地上，回填废石、尾矿，沉降稳定后，加以平整，覆盖土壤，栽种植物或建造房屋

资料来源：金属尾矿资源利用技术的现状和展望分析[EB/OL]. https://max.book118.com/html/2020/0330/6044131131002152.shtm.

---

① 徐航，刘诗竹. 我国尾矿综合利用发展现状及前景展望[J]. 农家参谋，2019(14).

（二）尾矿资源化利用途径

随着科技的发展，近年来出现了一些尾矿处理的新方法、新工艺。对于矿山尾矿固体废料，已从消极的环保治理转变为积极的资源化治理，大致有以下几个方面：

（1）尾矿用作铺路材料、黄沙替代品等。铺路材料、黄沙替代品等是建筑最基本的原料，对化学成分没有严格要求，另外还可以解决尾矿堆场紧张的问题。[①]

（2）尾矿用于制砖。由于实心黏土砖需要大量黏土，会减少耕地面积、破坏环境，因此国家制定了相应的法规来限制生产使用实心黏土砖。我国在利用尾矿制砖方面取得了令人欣慰的成果：不仅可以生产用于建筑的砖块，还可以制造用于装饰的砖块。

（3）尾矿用于生产水泥和混凝土。尾矿用于生产水泥，就是利用尾矿中某些微量元素影响矿物的组成。尾矿颗粒无须经过特殊加工，就可以直接用作混凝土的粗细骨料，而且能使混凝土在强度和耐久性方面得到显著提升。

（4）尾矿用于制造玻璃、微晶玻璃和陶瓷产品。

（5）尾矿用于生产化肥及土壤改良剂。

（6）尾矿可以作为井下填充物，填充矿山采空区。

（7）尾矿用于土地复垦，实现植被恢复和生态区域建设。矿山土地复垦已经成为矿山环境综合治理的重要方式。

第四节　我国矿产资源综合利用管理长效机制

一、我国矿产资源综合利用管理演进历程

1952 年，地质部统一管理全国地质普查和资源勘探工作，矿业的开发

---

① 郭建文，王建华，杨国华．我国铁尾矿资源现状及综合利用［J］．现代矿业，2009，25（10）：23-25，60.

管理职能按矿种分别隶属于各工业部门。

1953 年，开始储量审批工作。当时，国务院成立全国矿产储量鉴定委员会，主要是负责审查批准各种矿物原料的储量并编制勘探规范，后来更名为全国矿产储量委员会(以下简称"全国储委")。

1957 年后，各省(自治区、直辖市)也相继成立了矿产储量委员会。

1965 年，国家明确提出"综合回收矿产资源、努力提高回收率"。

1982 年，明确了地质矿产部的矿产资源合理开发利用与保护职能。

1988 年，地质矿产部负责综合管理地质和矿产资源，监管地质勘查活动，同时也对矿产资源的合理开发、利用和保护情况进行监督和管理。1992 年我国发布了《固体矿产地质勘探规范总则》(GB/T13908—1992)。

1998 年，国务院设立了国土资源部，将原来分散在多个部门中的矿产资源管理职责整合归并到一起。

2015 年，我国发布首个矿产资源综合利用评价指标标准——《矿产资源综合利用技术指标及其计算方法》，连续 3 年共发布 20 个矿种的开采回采率、选矿回收率、综合利用率指标要求，主要矿种的矿产资源节约与综合利用评价指标体系初步形成，3 年共优选出 159 项先进适用技术予以推广。[①]

2016 年，国土资源部出台《关于推进矿产资源全面节约和高效利用的意见》，提出到 2020 年基本建立全面节约和高效利用指标体系和长效机制的目标。

2018 年 3 月，国土资源部改名为自然资源部。

2019 年 12 月，自然资源部印发《关于推进矿产资源管理改革若干事项的意见(试行)》。

2020 年 5 月，正式实施《固体矿产资源储量分类》《油气矿产资源储量分类》两项国家标准。

二、我国矿产资源综合利用管理体制

矿产资源综合利用管理体制主要是指矿产资源综合利用管理机构的设置、管理职能权限划分所形成的体系与制度。如图 7-1 所示，我国形成了

---

① 乔思伟，李响，程秀娟.《中国矿产资源报告(2015)》解读[N]. 中国国土资源报，2015-10-21(001).

以自然资源部为主要管理机构，国家发展和改革委员会、生态环境部、科学技术部、工业和信息化部为必要支撑的多部门协同推进矿产资源节约与综合利用的管理体制。

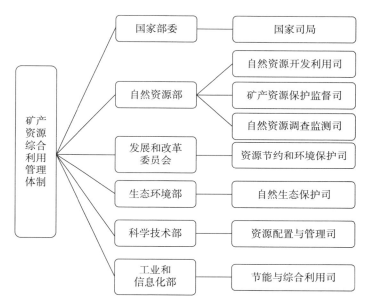

图 7-1 我国矿产资源综合利用管理体制

我国确立了以自然资源部为主要部委、其他多个部委为必要补充的矿产资源综合利用管理体制，加强了生态文明建设的实质基础，体现了"找得出、管得住、用得好"的核心思想和原则。自然资源部自然资源开发利用司的职能是拟订自然资源开发利用标准，开展评价考核，指导节约集约利用；矿产资源保护监督司的职能是拟订矿产资源战略、政策和规划并组织实施，监督指导矿产资源合理利用和保护；自然资源调查监测司的职能是承担自然资源调查监测评价成果的汇交、管理、维护、发布、共享和利用监督。生态环境部自然生态保护司的职能是指导协调和监督生态保护修复工作。科学技术部资源配置与管理司的职能是协调提出科技资源合理配置的政策措施建议。工业和信息化部节能与综合利用司的职能是拟订并组织实施工业、通信业的能源节约和资源综合利用、清洁生产促进政策。

三、我国矿产资源综合利用管理存在的问题

(一)法律法规体系不健全

工业发达国家为了做好资源综合利用，出台了相关法律法规，如美国出台《固体废弃物处置法》、德国颁布《废弃物管理法》、法国颁布《废弃物清除及有用物质回收法》、日本出台《废弃物处理及清扫法》等。我国尚没有关于矿产资源节约与综合利用的专门法，矿产资源综合利用统计指标体系和评价体系不健全，矿产资源节约与综合利用制度缺乏系统性和全面性，以税费调节为主要手段的市场作用不够明显，在一定程度上影响了资源综合利用的发展。

(二)部门间的协调管理有待完善

矿产资源综合利用理念未全面贯穿于从找矿到利用循环的全生命周期中，存在"重找矿、轻利用，重开发、轻保护"的问题。各部门协调不足在综合利用管理领域较为凸显，同时，缺乏有效的约束手段和监管机制，因此难以形成决策、执行和监督相互协调的长效机制。各部门在资源潜力评价、矿产开发利用评价和环境影响评价等方面的协调性仍需要进一步加强。

(三)矿产资源综合利用的技术和资金政策支撑尚待加强

矿产资源综合利用从技术开发、项目建设到市场开拓都需要大量的技术和资金支撑。我国先后出台了支持企业技术创新、资源综合利用减免所得税、部分综合利用产品减免增值税等优惠政策，但政策支持力度还有待加强，覆盖面需要进一步拓宽，如国家对于尾矿的综合利用缺乏相应的税收优惠等鼓励性政策[①]。

---

① 蒲含勇，张应红．论我国矿产资源的综合利用[J]．矿产综合利用，2001(4)：19-23.

四、构建矿产资源节约与综合利用长效机制

(一) 完善矿产资源节约与综合利用的法律法规体系

节约、综合利用矿产资源，需要进行全面的顶层设计，制定专门的法律法规，发挥资源管理的基础性、统领性和指导性作用。完善矿产资源开发全生命周期资源节约与综合利用政策体系，形成覆盖勘查、评价、开发、闭坑全过程的矿产资源节约与综合利用制度体系。建立健全矿产资源节约与综合利用的标准体系①，以"三率"调查与评价工作为基础，逐步形成包括国家标准、行业标准、地方标准和企业标准在内的四个层次的标准体系，以为引导和规范矿产资源节约与综合利用工作提供必要的基础技术支持。

(二) 推进矿产资源节约与综合利用科技创新与成果转化

一是促进矿产资源节约与综合利用领域的产学研协同攻关，不断完善相关的技术体系，加大矿评项目、公益性行业专项对矿产资源高效节约利用技术研发的支持。二是建立完善先进技术推广目录的发布制度，对《矿产资源节约与综合利用先进适用技术推广目录》进行定期修订。三是探索合同"三率"管理模式，建立适应市场经济的先进技术推广机制，加快科技成果转化。

(三) 完善矿产资源节约与综合利用约束机制

一是以"盘活资源增量和环境保护"为核心理念，建立矿产资源节约集约利用的监测评价系统，动态监测评价资源储量以及"三率"水平，以此为基础进行综合管理。实时掌握盘活的资源存量和废弃物综合利用情况，为建立矿产资源节约集约利用"一个数据库和一张现状图"的监测平台奠定基础。二是明确矿产资源节约与综合利用标准，在矿业权设置方案中突出"综合勘查、综合评价、综合利用"。三是将矿产资源节约与综合利用水平作为考核重要指标，进一步完善矿业权年检和矿产督察监管制度，将"三率"水

---

① 王雪峰，乔江晖，李为，等. 加强矿产资源综合利用 打造生态矿业[J]. 发展研究，2015 (4)：37-40.

平作为重要考核标准，加强矿产资源节约与综合利用管理。

(四)完善矿产资源节约与综合利用激励机制

引导税费优惠政策向资源节约与综合利用领域倾斜，减免节约与综合利用资源的企业的所得税、增值税，并配套出台适用的认定管理规范。健全共伴生、难选冶资源的开发成本分摊机制，对采用先进适用技术从废石、尾矿中回收矿产品的企业，免缴、减缴矿产资源相关税费，保证企业的合理利润空间。政府作用和市场机制相结合，支持具有独立法人地位的尾矿利用企业参与尾矿综合利用，通过"排尾主体"与"利尾主体"的分离，从根本上改变部分中小矿山企业因为资金和技术不足而无法综合利用矿产资源的状况，从而解决矿山企业尾矿资源利用的难题。

绿色矿业管理

第一节　我国绿色矿业发展历程

发展绿色矿业是中国矿业落实生态文明国家战略、保障矿业健康可持续发展的重要抓手，是全面推进我国生态文明建设的迫切需要和必然选择。中国绿色矿业经历了发展萌芽—正式提出—试点示范—全面推进的发展历程。

（一）发展萌芽阶段（1972～2006 年）

1972 年，中国派代表团参加了人类历史上第一次全球性的环境会议，并将环境保护理念带回中国；1973 年，中国召开第一次环境保护会议，开始部署环境保护相关工作；1982 年，地质矿产部被赋予矿产资源开发监督管理的职能；1986 年，《中华人民共和国矿产资源法》颁布，提出加强矿产资源节约和保护。[①] 2001 年提出矿业城市转型新目标是发展绿色矿业城市；2004 年提出矿业城市应从单一经济向多元化经济转变。

（二）正式提出阶段（2007～2011 年）

2007 年党的十七大报告首次正式提出建设生态文明，时任国土资源部部长徐绍史在中国国际矿业大会上提出"发展绿色矿业"[②]。2008 年中国矿业联合会发布了《绿色矿业公约》，提出建设绿色矿业的 10 条规定；2008 年

---

① 相洪波. 我国绿色矿业发展现状分析及对策建议[J]. 中国国土资源经济，2016，29（10）：48-51.

② 张玉韩，侯华丽，聂宾汗. 大力发展绿色矿业　助推矿业可持续发展[J]. 中国国土资源经济，2016，29（11）：15，27-29.

《全国矿产资源规划(2008—2015年)》明确提出绿色矿业，确定"2020年基本建立绿色矿山格局"的战略目标，发展绿色矿业上升为国家战略①；2010年国土资源部发布了《关于贯彻落实全国矿产资源规划发展绿色矿业建设绿色矿山工作的指导意见》，明确了绿色矿山建设的总体思路、基本条件、遵循原则和主要任务；2011年"发展绿色矿业"被纳入国家"十二五"规划，国土资源部公布首批37家"绿色矿山"试点单位名单。

(三)试点示范阶段(2012~2016年)

2015年《中共中央 国务院关于加快推进生态文明建设的意见》指出要发展绿色矿业，加快推进绿色矿山建设，促进矿产资源高效利用，提高资源开采回采率、选矿回收率和综合利用率；2016年《全国矿产资源规划(2016—2020年)》明确要建设50个以上国家级绿色矿业发展示范区，到2020年基本建成节约高效、环境友好、矿地和谐的绿色矿业发展模式。党的十八大以来，绿色矿山建设从倡议探索到试点示范再到上下联动，绿色矿业开创生动实践。②

(四)全面推进阶段(2017年至今)

2017年国家六部委联合印发《关于加快建设绿色矿山的实施意见》，进一步部署推动绿色矿山和绿色矿业示范区建设③，绿色矿山建设从"试点探索"转为"全面推进"。2018年自然资源部发布《非金属矿行业绿色矿山建设规范》和其他八大行业绿色矿山建设规范，对于我国绿色矿业发展具有里程碑意义，标志着我国绿色矿山建设由"行政推动"转向"标准引领"。2019年《关于统筹推进自然资源资产产权制度改革的指导意见》提出推动更加高效地开发和利用自然资源资产。④ 2019年，自然资源部办公厅发布了《关于做好2019年度绿色矿山遴选工作的通知》，启动了绿色矿山遴选计划。随后，2020年自然资源部颁布了《绿色矿山评价指标》和《绿色矿山遴选第三方评估

① 高苇.环境规制下我国绿色矿业发展研究[D].武汉：中国地质大学，2019.
② 自然资源部发布《中国矿产资源报告（2022）》[EB/OL].荔枝网新闻，http://news.jstv.com/a/20220922/1663826927555.shtml.
③ 高苇.环境规制下我国绿色矿业发展研究[D].武汉：中国地质大学，2018.
④ 万利，高昂，程越，等.国家公园自然资源资产管理标准体系框架建设初探[J].标准科学，2023(1)：42-49.

工作要求》文件，统一评价标准，并对第三方评估活动进行了规范。2020 年自然资源标准化信息服务平台就国家标准《绿色矿山建设规范》公开征求意见，该标准明确了矿区环境、资源开发利用方式、资源综合利用、节能减排、科技创新与数字化矿山、企业管理与企业形象 6 个方面的要求。2020 年自然资源部发布绿色矿山建设的总体目标为基本形成节约高效、环境友好、矿地和谐的绿色矿业发展模式。2021 年中国自然资源经济研究院就《绿色矿山建设评价指标》广泛征求社会各界意见建议，开展绿色矿山评价指标修订工作。2021 年《关于"十四五"大宗固体废弃物综合利用的指导意见》对大宗固体废弃物资源化利用进行了全面部署。2021 年《智能矿山建设规范》明确了矿业发展的主流方向是绿色矿山建设，矿业转型升级和绿色发展的新动能是智能矿山建设。①

第二节　我国绿色矿业建设成效

一、国家级绿色矿山建设成效

为深入贯彻新发展理念，积极推动矿业绿色发展，以建设国家级绿色矿山试点为主抓手，我国按照"试点先行、整体推进"的思路，推动绿色矿业发展。2011～2014 年，国土资源部在全国范围内创建了四批共计 661 家国家级绿色矿山试点单位。具体而言，煤炭 216 家，占比 32.68%；石油 13 家，占比约 1.97%；黑色金属 96 家，占比 14.52%；有色金属 107 家，占比 16.19%；黄金 76 家，占比 11.50%；化工 62 家，占比 9.38%；非金属 59 家，占比 8.93%；其他特殊矿种 31 家，占比 4.69%（见图 8-1）。

二、绿色矿业示范区建设成效

《全国矿产资源规划（2016—2020 年）》提出在资源富集、管理创新能力

---

① 鞠建华. 绿色发展引领中国矿业进入新发展阶段[J]. 中国矿业，2021，30(1)：1-4.

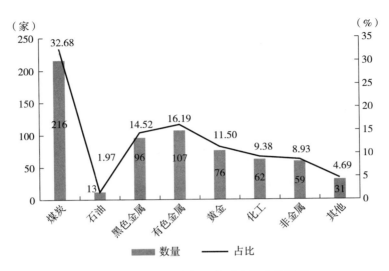

图 8-1   661 家国家级绿色矿山及占比情况

资料来源：刘立顺等．我国绿色矿山建设现状及案例分析[J]．有色金属工程，2020（9）：98-103.

强的地区建设 50 个以上绿色矿业发展示范区。《关于加快建设绿色矿山的实施意见》提出于 2020 年建立绿色矿业发展示范区，且数量高于 50 个。绿色矿业发展示范区是绿色矿山由点到面、整体推进的集中体现，将被打造成矿业领域生态文明建设的样板区、资源合理开发利用先进技术和装备应用的展示区、矿山环境保护与矿地和谐的模范区、矿产资源管理创新的先行区。省级矿产资源总体规划以省级行政区为单元，对绿色矿业发展示范区建设进行了细化落实。

如图 8-2 所示，截至 2015 年，省级矿产资源总体规划共细化落实绿色矿业发展示范区 116 个。除北京、天津、上海、海南和西藏这五个地区外，中国其他 26 个省份纷纷提出了绿色矿业发展示范区的构建计划。其中，湖南和新疆两地的建设数量较多，分别达到 13 个和 11 个示范区。紧随其后的是四川、贵州、福建、河南和山西，分别拟订了 8 个、8 个、6 个、6 个和 5 个示范区计划。这 7 个省份的绿色矿业发展示范区总计约占总数的一半。其余省份的绿色矿业发展示范区总量与前者相比，数量较少且呈现出一定的差异。

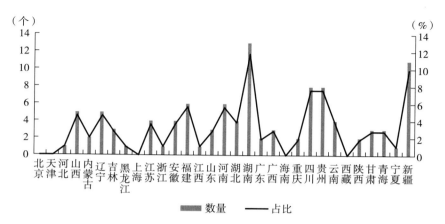

图 8-2　省级矿产资源总体规划关于绿色矿业发展示范区的规划数量

资料来源：笔者整理。

案例 8-1　湖州市建设国家绿色矿业示范区

　　自 2015 年绿色矿业发展构想首次提出以来，湖州市政府先后出台了一系列指导性文件，绿色矿山建设经历了前期摸索、试点先行、以点带面以及全域推进四个阶段。湖州矿山企业积极调整发展理念，加速进行矿业转型升级，并积极参与绿色矿山建设，由"要我建"转变为"我要建"。截至 2017 年，湖州在绿色矿山建设方面取得了显著成就，绿色矿山建设的完成率达到 84%。已经成功建设了 66 个各级别的绿色矿山，其中包括 3 个国家级绿色矿山、5 个国家级绿色矿山试点单位，以及 23 个省级绿色矿山。国家级绿色矿山在浙江省范围内的占比高达 38%，展现了绿色矿山建设取得的显著成果。湖州矿山企业的实践为标准制定提供了成功范例。

　　湖州地方标准主要特色：《绿色矿山建设规范》分七个方面 50 项指标，总体归纳为三个方面：一是范围与定义（包括范围、规范性引用文件、术语与定义三个方面 3 项）；二是内容与要求（包括基本要求、资源环境要求、企业管理要求三个方面 40 项）；三是认定与监管（包括认定程序、监督管理两个方面 7 项）。《绿色矿山建设规范》在遵循国家、省绿色矿山建设有关政策文件的基础上，注重结合湖州的探索实践，进一步细化数据，统一依据，定量为主，定性明确，做到可操作、可复制、易推广，为绿色矿山建设筑起了制度"屏障"。

《全国矿产资源规划（2016—2020年）》明确了选择浙江省湖州市等创新能力强的地区，建设50个以上绿色矿业示范区，六部门联合印发了《关于加快建设绿色矿山的实施意见》，要求加快建设绿色矿山，加快发展绿色矿业，绿色矿山建设上升为国家行动。在此背景下，湖州以《关于加快建设绿色矿山的实施意见》为总体指导，全面贯彻执行，不断提升建设标准，积极引领，敢于创新，争做先行者。

（1）进一步全域推进。湖州制定了绿色矿业发展示范区建设工作方案，并上报自然资源部，围绕"湖州绿色矿山建成率100%"的目标，全域推进绿色矿山建设。对于尚未完成绿色矿山建设的项目，将全面完成其创建工作；对已建成的绿色矿山，将进行全面提档升级。

（2）进一步完善标准。在推进绿色矿山建设的过程中，充分发挥标准的引领作用，促使新建矿山在规划、设计、建设和运营管理方面按照规定的准则进行，进一步推动生产矿山的升级改造。同时，在实际操作中不断审视和完善标准，通过实践应用持续优化标准。

（3）进一步健全机制。继续协调各方资源，深入开展政策研究，制定具有实际效果的政策举措，构建适用于绿色矿山建设的激励和约束政策组合，以提升政策措施的针对性、系统性和可操作性。学习借鉴先进地区的成熟经验，以积极进取的态度，不断开拓创新，率先尝试，将全面推进绿色矿山发展示范区建设作为关键突破口和重点领域，坚定不移照着"绿水青山就是金山银山"的这条路走下去，为"美丽中国"建设做出新的贡献。

资料来源：刘艾瑛. 政府引导　标准领跑——浙江省湖州市绿色矿山建设纪实[J]. 资源导刊，2017（7）：54-55.

第三节 我国绿色矿业发展问题与对策

一、我国绿色矿业发展存在的问题

(一)宏观调控体系尚不健全

1. 政府激励政策不足

绿色矿业发展是一项正外部性与负外部性并存的经济活动。因此,绿色矿业发展必须有强有力的政策约束和激励。总体来看,我国矿业发展缺乏相关战略部署。例如,矿业用地、资源税费与矿产资源配置优化等方面的激励政策还不完善。此外,相关部门尚未明确制定专门的激励政策,这在一定程度上影响了企业发展绿色矿业的积极性。从指标数据来看,现有部分矿山的勘探、采矿、矿产资源节约与综合利用的水平均与绿色矿业的发展标准存在一定的差距,这也从宏观层面反映了现有政策体系存在的短板。

2. 职能部门协同机制欠缺

自然资源部门负责区域绿色矿业发展的指导工作,矿山企业是发展绿色矿业的主体,但是在建设过程中还涉及其他职能部门,具体包括自然资源、生态环境、科技、安监等职能部门和其他利益相关者。现阶段,矿产资源开发面临着生态环境压力大与解决矿区生态环境问题难度大的双重问题。生态环境压力大主要是由于多数矿区生态环境治理中历史欠账较多,都面临着旧账未还清、新账又增多的现实;解决问题难度大是由于矿区生态环境治理工作会牵涉到体制、法规、政策、技术规范与标准、市场机制等多方面问题。[1]

3. 绿色矿业发展标准不完善

2018 年我国虽出台了全国范围内绿色矿山建设的规范性文件,但是中

---

[1] 付薇. 矿区生态环境综合治理协同机制与对策研究[D]. 北京:中国地质大学,2010.

国是一个大国，不同区域的资源禀赋和产业发展基础不一致，缺乏符合区域矿业发展实际的地方标准，将影响全国各地区绿色矿山建设工作的进一步推进。各地未针对自身的情况出台绿色矿山建设的落地政策及相关标准，导致建设推进的难度加大。

(二) 微观支撑体系尚未完善

1. 矿业企业内生动力不足

矿业企业是推动矿业绿色发展的主体与实践者，综合实力较强的大型矿业企业在矿产资源节约与综合利用水平和效率方面具有一定优势，但总体来看，由于矿产资源供需矛盾、技术装备、发展人才等多重因素的制约，我国绿色矿业多数企业仍存在技术水平落后、生产方式传统等先天内生动力不足等问题。

2. 矿业企业绿色发展意识薄弱

推进绿色矿业发展，首先需要解决意识层面的问题。然而，通过实地调研与资料分析发现，绿色矿业建设主体普遍存在绿色发展意识薄弱的问题。例如，部分矿业企业"重经济效益，轻环境保护"，导致矿山开发区域环境破坏严重；"重开发、轻保护"观念尚未从根本上发生转变，部分矿区出现了开采无度、无序等状态，从而导致大面积的水土流失，严重影响了当地居民的正常生活。

3. 矿山企业环境管理会计尚未普及

矿山企业环境管理会计是企业发展规范的重要组成部分。然而，专业人才的匮乏及企业发展中内外部矛盾的交替，导致我国部分绿色矿业企业没有建立完善的环境管理会计体系和规范准则。在实际情况中，矿业企业在环境信息披露方面存在明显问题，其披露的信息数量有限且规范性不足。环境报告的可信度、可比性和透明度不高，导致难以确定其真实性。此外，资源利用效率等方面的状况也往往难以被公众所了解。

(三) 技术支撑体系尚有欠缺

1. 绿色开采技术支持不足

矿业是劳动密集型和技术密集型产业，缺乏先进的绿色开采装备和技术，就难以提高资源的利用水平及减轻对环境的污染破坏。目前来看，大部分矿业企业缺乏先进的绿色开采装备与技术，一些企业仍在使用传统的方法进行资源开发和利用，甚至出现了采集富集矿物而抛弃其他有价资源的情况，导致了资源的不必要浪费。

2. 绿色选冶技术支持缺失

选冶是推进绿色矿业发展的重要环节。目前，矿业企业缺乏绿色选冶技术的支持，导致选冶回收率不高、损失较大，矿品质量、矿区生态、矿业环境等与绿色矿业发展的目标存在一定的差距，迫切需要采用绿色选冶技术改善现有状况。

3. 绿色复垦技术支持薄弱

矿业废弃地复垦是改善环境、维持生态平衡的重要途径。然而，部分矿业企业生态环境意识薄弱，并没有将土地复垦放在突出的战略位置。另外，目前土地复垦方式相对单一，多采用传统途径，且尚未综合考虑矿山特殊情况，从而导致矿山环境改善不明显，综合发展效益低下。

二、我国绿色矿业发展政策建议

(一) 加快绿色矿业发展顶层设计

1. 制定并实施绿色矿业发展激励与约束政策

加快绿色矿业发展需要从宏观政策的角度进行整体规划，建立一个同时注重激励和约束的绿色矿业政策体系。一是自然资源管理部门要加强对地方发展绿色矿业存在问题的调研，深入了解矿山企业发展具备的条件，以及矿山在企业用地、矿山环境恢复治理等方面存在的困难；二是在实地调研的基础上，由自然资源管理部门牵头，联合税务、工商等部门，研究制定、完善配套的绿色矿业发展激励与约束政策，包括资源综合利用、矿山环境保护、企业融资、矿产资源配置等相关优惠政策，加大各级财政资金对绿色矿山建设的支持力度，制定政策引导、鼓励民间资本支持绿色矿山建设。

2. 建立绿色矿业发展标准体系与评价机制

建立绿色矿业发展宏观标准体系，完善与优化绿色矿业发展评价机制。国家应对矿山行业提出具体的建设标准，以规范不同行业，如非金属矿山、化工矿山、黄金矿山和煤炭矿山的发展，实现绿色发展。全国范围内的绿色矿山建设标准代表着整个国家矿业发展的特定要求，而各地应根据自身的实际情况制定适用的地方标准。

3. 提升绿色矿业发展职能部门协同水平

强化矿业发展部门的协同水平,夯实矿业绿色发展职能体系。绿色矿业发展是一个"牵一发而动全身"的系统性工程,需要金融、财政、税务、环保等部门联动协同。因此,应加快建立绿色矿业发展职能部门的沟通交流机制,定期召开绿色矿业发展部署会,加强各部门之间的联系,从而提升绿色矿业发展职能部门的协同水平。

(二) 激发绿色矿业微观主体的发展动能

1. 提升矿业企业的绿色发展意识

灌输绿色发展理念,加深矿业企业对绿色发展的认知。通过建立培训机制,宣传绿色发展理念,以塑造矿业企业的价值观和使命感,使之形成以绿色发展为精髓与核心的文化体系,强化矿业企业的社会责任担当,敦促企业在矿产资源开发、利用等过程中既注重技术水平的提升,也重视企业文化、员工价值等隐性的规范体系的构建。

2. 实施绿色矿业企业环境会计管理

完善企业环境管理会计标准体系,推动"绿色矿业"企业环境会计规范管理。针对目前矿业企业忽视环境会计管理的问题,应加快制定矿业企业环境会计管理评价标准。同时,针对各地区不同矿种、不同规模的矿业企业可以结合区域及企业实际情况,在统一规范标准的框架下,适时拟定并出台具有区域特色、行业特色、企业特色的环境管理会计标准,从而形成多层次、多主体参与,具有鲜明特色的环境会计体系。

(三) 增强绿色技术创新能力

1. 创新绿色矿业开采技术

加快推动矿业企业绿色开采技术的研发与创新,提升矿业企业开采效率与综合效益。矿业企业的绿色开采技术涵盖了绿色爆破,绿色采矿,绿色开拓,以及煤炭、瓦斯及其伴生资源的共同开采等关键技术。推动绿色开采不仅有利于提高矿产资源的开发利用效率,更有助于提升生态环境的保护力度与资源开发的安全性能,促进矿业绿色发展。因此,需要加快绿色开采技术的研发,加快推动"产学研"协同发展;加大技术人才的引进与支持力度,营造良好的技术开发与创新环境,促进现有开采技术的改善,形成具有特色的技术优势。

2. 提升绿色矿业选冶与复垦技术

强化绿色选冶、绿色复垦技术创新，构建矿业绿色技术支持体系。绿色选冶、绿色复垦对矿业发展的布局、矿区结构的优化与矿区环境的改善至关重要。目前，针对绿色选冶技术缺失、复垦技术薄弱等问题，需要结合矿业发展的整体布局与区域矿山发展的特点对选冶、复垦技术进行针对性的创新，加大绿色选冶、复垦技术的研发力度和经费支持，建立"低碳、高效、环保、安全"的绿色矿业发展技术支持体系。强化矿业企业、高等院校、科研机构的技术研发与创新合作，建立多角度、全方位、多融合的科技投入与创新交流平台，促进研发资源的流动与科技资源的高效配置。

3. 推进矿业发展数字化与信息化建设

加快绿色矿业发展信息化建设，构建矿业绿色发展信息化与数字化管理体系。针对目前矿山环境监测现状，应优化矿山环境监测技术与手段，建立以大数据、云计算、信息化、可视化等工具和技术为核心的矿山环境监测体系，充分考虑矿种与矿山实际情况，利用无人机、卫星遥感、智能化设备等工具对矿山情况进行实时监测。同时，加快数字可视化平台与终端的建立，通过人工智能、数据协同、可视化建模等方式为矿山管理决策提供支持。

矿产资源监督管理

第一节　矿产资源监督管理概述

一、矿产资源监督管理的定义

矿产资源监督管理是指地质矿产主管部门对矿业权人在矿产资源勘查、开发的过程中履行合理开发利用和有效保护矿产资源义务的监督管理。

二、矿产资源监督管理的内容

1. 初期阶段

(1)对拟建矿山的地质报告和储量报告的审查。

(2)对拟建矿山的可行性研究报告的审查。

2. 中期阶段

(1)监督矿山企业的"三率"水平和其他方面的情况。

(2)督促检查矿山企业制定、完善矿产资源开发和保护制度。

(3)制止破坏、浪费矿产资源行为。

(4)督促矿山企业进一步提高矿产资源的开发、利用水平。

(5)帮助被监督矿山企业解决困难和问题。

3. 后期与终期阶段

(1)全面核实即将关闭的矿山企业矿产开发利用情况,并审批该企业"闭坑地质报告"。

(2)监督矿山开发中的环境保护计划与矿地复垦计划的执行情况,并在矿山关闭后的规定时限内对两计划的完成情况实行监督管理。

三、矿产资源监督管理主体及职能

矿产资源监督管理的主体如图 9-1 所示。

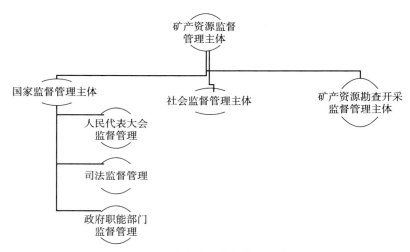

图 9-1 矿产资源监督管理主体

资料来源：刘建芬，王珏，马艳平. 国外矿产资源管理对中国的启示——以澳、加、美、俄为例[J]. 中国经贸导刊(中)，2019(6)：38-40.

(一)国家监督管理主体

国家监督管理主体是指国家及政府职能部门，其站在国家立场上对矿产资源勘查开采进行监督管理。矿产资源勘查开采中，国家监督管理的基本形式包括人民代表大会监督管理、司法监督管理、政府职能部门监督管理。[①]

(1)人民代表大会监督管理。人民代表大会监督管理是站在全体人民利益的角度上，通过立法授权和执法检查来对矿产资源勘查开采进行监督管理。

---

① 刘建芬，王珏，马艳平. 国外矿产资源管理对中国的启示——以澳、加、美、俄为例[J]. 中国经贸导刊(中)，2019(6)：38-40.

（2）司法监督管理。司法监督管理就是依据有关法律制度对各种违法违规行为进行查处、起诉，用法律手段进行监督管理。

（3）政府职能部门监督管理。政府职能部门监督管理是指通过行政干预等方式推动监督管理，通过设置专门的机构、配置专职的管理人员和监察人员，依照法律制度进行监督管理。我国当前对矿产资源的监督管理主要是政府职能部门履行监管职责，建立健全监管制度，对我国矿产资源勘查开采实施全过程监管。

（二）社会监督管理主体

社会监督管理主体是指社会中介机构和人民群众，其对矿产资源政府主管部门和勘查开采主体实施监督。

（三）矿产资源勘查开采监督管理主体

矿产资源勘查开采监督管理主体指企业内部自设的机构，其对自身经济活动行为进行监督管理。

四、矿产资源监督管理客体

按照矿产资源在勘查和开采阶段的权益属性，监管对象分为矿山企业的探矿权人和采矿权人。

按照矿产资源勘查开采的生产活动，监管对象分为矿山勘查和测量项目的承担单位及采矿项目和选别项目的具体实施单位。

五、自然资源部矿产资源监督管理机构与职能

自然资源部是矿产资源监督管理的主要国家部门，其矿产资源监督管理机构设置如图 9-2 所示。

（一）矿业权管理司

拟订矿业权管理政策并组织实施，管理石油、天然气等重要能源和金属、非金属矿产资源矿业权的出让及审批登记。统计分析并指导全国探矿权、采矿权审批登记，调处重大权属纠纷。承担保护性开采的特定矿种、

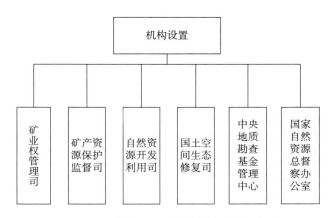

图9-2　自然资源部矿产资源监督管理机构

资料来源：笔者根据自然资源部官网整理。

优势矿产的开采总量控制及相关管理工作。

(二)矿产资源保护监督司

拟订矿产资源战略、政策和规划并组织实施，监督指导矿产资源合理利用和保护。承担矿产资源储量评审、备案、登记、统计和信息发布及压覆矿产资源审批管理、矿产地战略储备工作。实施矿山储量动态管理，建立矿产资源安全监测预警体系。监督地质资料汇交、保管和利用，监督管理古生物化石。

(三)自然资源开发利用司

拟订自然资源资产有偿使用制度并监督实施，建立自然资源市场交易规则和交易平台，组织开展自然资源市场调控。负责自然资源市场监督管理和动态监测，建立自然资源市场信用体系。建立政府公示自然资源价格体系，组织开展自然资源分等定级价格评估。拟订自然资源开发利用标准，开展评价考核，指导节约集约利用。

(四)中央地质勘查基金管理中心

根据全国矿产资源规划和全国地质勘查规划，参与研究制定并实施中央地质勘查基金项目总体规划。负责办理有关监督、管理国家出资形成的矿业权价款折股股权的事宜。

(五)国土空间生态修复司

承担国土空间生态修复政策研究工作,拟订国土空间生态修复规划。

(六)国家自然资源总督察办公室

完善国家自然资源督察制度,拟订自然资源督察相关政策和工作规则等。指导和监督检查派驻督察局工作,协调重大及跨督察区域的督察工作。根据授权,承担对自然资源和国土空间规划等法律法规执行情况的监督检查工作。

第二节　矿产资源勘查开采监督管理制度

一、我国矿产资源监督管理制度发展历程

矿产资源监督管理制度指为确保矿产资源合理开发利用而实施的矿山企业矿产资源开发利用情况统计年报、"三率"(开采回采率、综合利用率、选矿回收率)指标制定与考核、矿山企业矿产开发监督年度检查、矿产督察等制度。自然资源行政主管部门、矿产督察和矿山企业地质测量机构按统一管理、分工负责的原则对矿产资源勘查、开采实施监管和保护。

1986年《中华人民共和国矿产资源法》明确规定全国矿产资源勘查开采的监管主体是国务院地质矿产主管部门。1987年,国务院颁布了《矿产资源监督管理暂行办法》确定了矿产资源监督管理的基本内容。随后,《关于加强矿产资源勘查开采监督管理工作的通知》《国务院关于全面整顿和规范矿产资源开发秩序的通知》等一系列重要政策法规相继发布,奠定了矿产资源监督管理的法律法规基础(见表9-1)。

表 9-1 我国矿产资源监督管理政策文件

时间	文件	主要内容
1986 年颁布 1996 年第一次修正 2009 年第二次修正	《中华人民共和国矿产资源法》	明确提出了全国矿产资源勘查开采的监管主体是国务院地质矿产主管部门;地方人民政府地质矿产主管部门是本行政区域内矿产资源勘查的开采监管主体
1987 年	《矿产资源监督管理暂行办法》	提出监管制度核心内容(监管的主要内容、手段等);明确建立了矿场督察员制度;提出资源综合利用监管要求
1994 年	《中华人民共和国矿产资源法实施细则》	建立纵向分级的行政监管体制;大体明确监督范围及权限,初步建立从上到下的监督管理体制
2003 年	《关于建立探矿权年度检查制度的通知》 《矿产督察工作制度》	建立了探矿权年度检查制度 建立了矿产督察工作制度
2005 年	《国务院关于全面整顿和规范矿产资源开发秩序的通知》	严格探矿权、采矿权管理,建立矿产资源开发监管责任体系,探索建立矿山生态环境恢复补偿制度,完善矿产资源有偿使用制度
2009 年	《国土资源部关于健全完善矿产资源勘查开采监督管理和执法监察长效机制的通知》	建立采矿权标识制度,全面开展储量动态监督管理,加强矿山企业矿产资源回收利用指标管理
2019 年	《关于推进矿产资源管理改革若干事项的意见》	对建立和实施矿业权出让制度、优化石油天然气矿业权管理、改革矿产资源储量分类和管理方式等作出了一系列重大的制度创新

二、我国矿产资源监督管理制度主要内容

(一) 年报制度

矿山企业矿产资源开发利用情况统计年报制度,以下简称"年报制度"。

矿山企业矿产资源开发利用情况统计年报制度是要求矿山企业定期向地质矿产主管部门上报矿产资源开发利用情况的制度，目的是全面掌握矿产资源开发利用情况、基本数据及存在的问题，并作为制定矿产资源开发政策的基本依据。

(二)"三率"指标制定与考核制度

"三率"是开采回采率、选矿回收率、综合利用率的简称。

"三率"指标由矿山企业论证并提出方案，报省(自治区、直辖市)自然资源主管部门复核、确认后，即作为各级自然资源主管机构监督检查企业的依据。

各级自然资源主管部门要把"三率"考核作为对矿山企业合理开发利用资源情况的日常监督措施，要定期发布考核通报。矿山企业要建立和健全相应的考核、测定、计算、台账、报表等管理办法。

矿产资源主管部门应当履行以下程序：

(1)复核。检查矿山企业提出的"三率"指标是否能确保资源的充分合理利用。

(2)确认。确认即复核基础上的结论性意见，如经复核的"三率"指标，符合制定程序，反映矿山企业生产实际，方案合理，指标数值为平均先进水平，自然资源主管部门可确认，加盖公章，指标具有法律效力。

(3)备案。全面了解确认后的"三率"指标的制定情况与具体的数值；建立技术档案，归档立卷；要经常考核。

❋ "三率"制度思考题

问题：请列举提高矿产资源"三率"的主要举措。

(三)年检制度

1. 定义

年检制度是矿山企业矿产开发监督年度检查工作制度的简称。年检工作由自然资源部统一领导，省级自然资源主管部门组织省以下各级自然资源主管部门按管辖权限实施。年检工作按照属地和分级相结合的原则进行。

2. 采矿权年检制度

(1)年检对象。在中华人民共和国领域及管辖的海域内领取中华人民共和国采矿许可证的采矿权人，必须接受年度检查。新设立的采矿权人，上半年投入生产的，当年接受年检；下半年投入生产的，第二年接受年检。

（2）年检内容。矿产资源开发利用方案或年度开采设计实施情况；在规定的期限和矿区范围内依法采矿的情况；矿区范围、开采矿种、开采方式、企业名称变更及采矿许可证延续情况；采矿权转让情况；开采回采率和选矿回收率的情况；矿产资源补偿费、采矿权使用费、采矿权价款等法定费用缴纳情况；开采总量控制指标执行及产品流向情况；有无违反矿产资源法律、法规的其他情况。

3. 探矿权年检制度

（1）年检范围和方式。凡领取勘查许可证满6个月的勘查项目，必须接受年检。因不可抗力等原因未开工的勘查项目，可以缓检。年检工作采用书面审查和实地核查、抽查相结合的方式。

（2）年检内容。勘查许可证是否合法、有效；探矿权人、勘查单位与勘查许可证登记事项是否一致；是否按照自然资源行政主管部门批准的勘查实施方案施工、是否完成了最低勘查投入；是否按时缴纳探矿权使用费和探矿权价款（应当缴纳的）；是否按时提交开工报告和报送阶段报告；受到自然资源行政主管部门行政处罚的，是否已履行到位；省级自然资源行政主管部门依法规定的其他年检内容。

✱ 年检制度思考题

问题1：矿产资源年检制度如何促进矿产资源的可持续利用？

问题2：在矿产资源年检制度中，如何确保年检结果的可靠性和公正性？

（四）矿产督察制度

1. 历史进程

1989年地质矿产部颁发了《矿产督察员工作暂行办法》，决定设置矿产督察员，建立矿产督察制度。

2001年国土资源部颁发《关于重组矿产督察员队伍的通知》。

2003年国土资源部颁发《矿产勘查及油气开采督察员工作制度》。

2007年国土资源部颁发《关于进一步加强矿产督察员管理工作的通知》。

2. 矿产督察员主要职责

（1）每年应有不少于4次的现场督察，提交有矿产督察员、矿山企业负责人签字的矿产现场督察备案表。

(2) 督促采矿权人按照督察意见进行整改。

(3) 每半年向督察员办公室和县级国土资源主管部门书面提交督察工作报告。

(4) 总结和报告矿产资源开采的先进典型和经验。

(5) 完成督察员办公室交办的其他工作。

3. 矿产督察员考核及管理

矿产督察员的工作考核和年度考核由督察员办公室负责组织进行，考核分为优秀、称职、不称职三类评定结果。优秀和称职的，继续任用并给予适当奖励；考核不称职的，由督察员办公室向聘任单位呈报，经聘任单位审定后，解除聘任，收回督察证。矿产督察员因工作关系或身体健康等原因，不能继续行使督察任务时，应及时向聘任单位申报，予以解聘。①

❋ **矿产督察员制度思考题**

问题1：矿产督察员主要有哪些职责？

问题2：在实际工作中如何保证矿产督察员的独立性和公正性？

第三节 矿产资源监督管理现状与建议

一、矿产资源监督管理现状

(一) 职能职责尚未完全厘清

按照《中华人民共和国矿产资源法》等法律法规和有关政策规定，自然资源部门是矿产资源的主管部门，而不是矿山企业生产经营和安全生产的主管部门。由于矿山安全、环保压力不断增大，各级相关部门推诿塞责，导致基层自然资源部门职能职责被扩大，而与之匹配的人员、装备又严重失衡。

---

① 参见《关于印发〈矿产督察工作制度〉的通知》。

(二) 监管队伍及经费保障尚有欠缺

矿产资源的勘查开采和恢复治理监管工作涉及的技术面广、专业性强，基层监管队伍人数有限，监管经费不足，专业技术人员和专业设备欠缺，也缺乏专业的技术支撑单位，容易造成监管措施落实不到位。市县两级颁证的采矿权出让前期工作、其他地质调查、资源勘查、出让收益评估、"净矿"出让前资产评估垫资等工作及后期日常巡查、矿山实测、年报审查、"卫片"执法检查等管理大部分工作由县(市、区)承担，且矿业权出让流拍的风险、损失均由县(市、区)承担。但目前矿业权出让收益县级留存部分较少，难以保障矿产资源保护和监督管理工作。

(三) 相关配套制度不完善

目前，储量核实报告、储量年报、勘查实施方案等编制均取消了中介机构的资质要求，但自然资源管理部门的评审职责未变，这给基层管理带来了更高要求；同时，《自然资源部关于推进矿产资源管理改革若干事项的意见(试行)》(自然资规〔2019〕7号)中关于矿产资源管理改革，尤其是固体矿产资源储量分类新标准执行后，虽然自然资源部进行了相应的培训，但部分具体操作层面的配套措施未及时跟进，基层管理部门未能及时消化和掌握，不利于工作的有效开展。

(四) 矿产执法难度较大

原行政执法的法律和规定跟不上形势的变化和实际工作的需求，行政执法缺乏有效的法律依据，执法队伍编制少，专业执法人员和执法经费匮乏，导致矿业执法取证难、调查难、处罚难。同时，在实际工作中，由于法律法规对违法采矿行为界定标准高、时间长、程序复杂，处罚力度小，惩治效果不佳。违法成本低，难以从根本上遏制违法采矿问题的发生。

(五) 矿产监管方式亟待加强

四川省经过多年的整顿规范，已对无证勘查、非法采矿行为形成了有效打击。但合法采矿权批后监管工作仍然较为薄弱。基层自然资源部门对擅自变更开采利用方案，越界开采，越层开采，以承包、参股、股权转让之名非法转让矿业权等专业性技术性较强、较为隐蔽的违法行为，仍然难以进行有效及时的监管和查处。

二、矿产资源监督管理建议

(一)加强对矿山企业的年度监督检查

各级矿产资源行政主管部门应严格按照相关标准和要求,加强监督检查,落实监管责任,责令问题突出的矿山企业限期整改达标,凡在规定的期限内仍未能达标者,不予办理延续登记手续,或予以依法关闭。

(二)有重点地开展对矿山企业的现场督察

各级矿政管理机关每年都应有重点地、有针对性地开展矿山企业的现场督察,及时总结和推广一批依法办矿、保护和合理利用资源的管理经验和先进典型,通报和查处一批不履行法定义务、破坏和浪费资源的典型案件。

(三)推进矿产督察员队伍建设

加强对矿产资源开发利用和保护的监督管理工作,进一步完善矿产督察员制度,明确矿产督察员的权利、义务,建立一支素质高、业务强、作风硬、专职与兼职相结合的矿产督察员队伍。

(四)建立相对稳定的联合执法队伍

由自然资源部牵头,建立一支相对稳定的由工商部门、安全生产监督管理部门人员组成的联合执法队伍,一旦发现矿产资源开发违法行为,确保反应灵敏、行动果断、打击有力。

参考文献

[1]Leach K, Grigg A, O'connor B, et al. A Common Framework of Natural Capital Assets for Use in Public and Private Sector Decision Making [J]. Ecosystem Services, 2019, 36: 100899.

[2]Shepherd E, Milner-Gulland E J, Knight A T, et al. Status and Trends in Global Ecosystem Services and Natural Capital: Assessing Progress Toward Aichi Biodiversity Target 14 [J]. Conservation Letters, 2016, 9(6): 429-437.

[3]白江申. 矿产资源开发与草原生态环境保护的思考——浅谈中钢锡林浩特萤石公司加强草原生态环境建设[J]. 当代矿工, 2022(6): 32-33.

[4]毕献武, 董少花. 我国矿产资源高效清洁利用进展与展望[J]. 矿物岩石地球化学通报, 2014, 33(1): 14-22.

[5]陈传友, 赵振英.《中国资源科学百科全书》问世[J]. 自然资源学报, 2000, 15(2): 137.

[6]陈丛林. 我国矿产资源综合利用监督管理技术标准体系现状[J]. 矿产综合利用, 2021(6): 117-122.

[7]陈静, 汤文豪, 陈丽萍, 等. 美国内政部自然资源管理[J]. 国土资源情报, 2020(1): 38-45.

[8]陈俊楠. 我国区域矿业投资环境竞争力评价研究[D]. 北京: 中国地质大学(北京), 2016.

[9]陈毓川. 建立我国战略性矿产资源储备制度和体系[J]. 国土资源, 2002(1): 5, 20-21.

[10]程鸿. 中国自然资源手册[M]. 北京: 科学出版社, 1990.

[11]程琳琳, 胡振琪, 宋蕾. 我国矿产资源开发的生态补偿机制与政策[J]. 中国矿业, 2007, 116(4): 11-13, 18.

[12]崔振民, 吴伟宏, 姜琳, 等. 浅析我国矿产资源综合利用[J]. 中

国矿业，2013，22（2）：40-43.

[13]邓锋．当前日本自然资源管理的特点与借鉴[J]．中国国土资源经济，2018（10）：10-13，35.

[14]邓湘湘，陈阳．我国矿产资源的综合利用分析及对策[J]．科技创新导报，2015，12（29）：171-172.

[15]丁全利．矿产资源管理：改革创新谱新篇[J]．国土资源，2017（10）：15-17.

[16]董江爱，刘铁军．产权视角的资源型地区政治生态问题研究——一个"资源—政治"分析框架的构建[J]．经济社会体制比较，2016（3）：176-185.

[17]董延涛，郭一珂．在"五位一体"总体布局中推进矿业高质量发展[J]．国土资源情报，2019（2）：42-45，51.

[18]董煜，柳晓娟，侯华丽．绿色矿山评价指标解析[J]．中国矿业，2020（12）：68-74.

[19]樊笑英．矿产资源开发生态环境保护法制体系建设[J]．国土资源情报，2018（3）：8-10.

[20]费强．我国矿产资源保护立法的完善[D]．石家庄：河北经贸大学，2019.

[21]封志明，肖池伟．自然资源分类：从理论到实践、从学理到管理[J]．资源科学，2021，43（11）：2147-2159.

[22]冯聪，曹进成．我国矿产资源开发生态补偿机制的构建[J]．矿产保护与利用，2018（5）：101-105.

[23]冯培忠，曲选辉，吴小飞．关于我国矿产资源利用现状及未来发展的战略思考[J]．中国矿业，2004（6）：14-18.

[24]付庆云．德国的自然资源管理[J]．国土资源情报，2004（3）：7-12.

[25]高芬，何鑫，黄亚朋，等．基于改进 TOPSIS 法的海南省资源环境承载力时空差异研究[J]．数学的实践与认识，2022，52（9）：38-48.

[26]高峰，周科平．区域矿山建矿的系统观模式分析[J]．金属矿山，2016（7）：54-57.

[27]高升，邢星怡，李兆东．新发展理念下资源环境审计人才培养路径探讨[J]．黑龙江教育（理论与实践），2022（10）：13-16.

［28］高志民．"黑色"到"多彩"［N］．人民政协报，2019．

［29］郭冬艳，孙映祥，陈丽新．关于编制绿色矿业发展示范区建设方案的思考［J］．中国矿业，2020，29（7）：57-60．

［30］郭嘉良．基于多目标约束的河南省矿产资源开发区划研究［D］．郑州：河南农业大学，2018．

［31］郭信山，庞继禄，王贯东．高效机械化采空区矸石充填技术［J］．煤矿开采，2008（2）：55-56．

［32］国土资源部，财政部．关于首批矿产资源综合利用示范基地名单的公告［EB/OL］．https：//www.gov.cn/zwgk/2011-10/28/content-1980597.htm，2011-09-23．

［33］何依洋．矿业公司股权转让协议效力的认定——以薛某等四人与西藏某矿业发展公司、西藏某矿业公司股权转让合同纠纷案为例［D］．绵阳：西南科技大学，2021．

［34］何勇．蓝宝石晶片超精密加工工艺资源环境负荷分析及决策支持系统研发［D］．湘潭：湖南科技大学，2021．

［35］侯华丽，柳晓娟，郭冬艳，等．全国绿色矿山名录分析与政策建议［J］．中国矿业，2020（6）：7．

［36］侯万荣，李体刚，赵淑华，等．我国矿产资源综合利用现状及对策［J］．采矿技术，2006（3）：63-66，113．

［37］胡旭忠．浅谈矿产资源勘探的开发与环境保护［J］．科学技术创新，2018（31）：195-196．

［38］黄程程．我国矿产资源税费制度的改革与构建［D］．重庆：西南政法大学，2015．

［39］黄有丽．我国矿产资源开发法律制度与私法机制革新研究——评《矿产资源开发私法机制研究》［J］．有色金属工程，2021，11（8）：149-150．

［40］吉林省能源局，清华大学．油页岩开发及其现状［EB/OL］．http：//www.nea.gov.cn/2012-02/10/c_131402950.htm，2012-02-10．

［41］贾颜莉．我国矿产资源开发生态补偿法律制度研究［D］．青岛：中国石油大学（华东），2016．

［42］江西省自然资源厅．加强自然资源管理　助力生态文明建设［N］．江西日报，2021-06-25（006）．

[43]解晓婷，任宇．关于我国绿色矿山建设工作的一些思考[J]．地矿测绘，2021(1)：111-112.

[44]靖学青．自然资源开发与中国经济增长——"资源诅咒"假说的反证[J]．经济问题，2012(3)：4-8，87.

[45]康纪田，刘卫常．采矿权制度的法理反思及其产权重构[J]．河北法学，2021，39(8)：146-168.

[46]柯贤忠，陈双喜，黎清华，等．新时期面向管理的自然资源分类[J]．安全与环境工程，2021，28(5)：145-153.

[47]李博琦，李颖，吕东．我国矿产资源开发的环境保护对策[J]．世界有色金属，2017(17)：164-165.

[48]李春龙，李小钢，徐广尧．白云鄂博共伴生矿资源综合利用技术开发与产业化[J]．稀土，2015(5)：151-158.

[49]李刚，李勇．关于完善矿业权出让收益制度的政策建议[J]．中国矿业，2019，28(1)：27-30.

[50]李国柱，谢苏哲．平江县万古矿区绿色矿业发展路径研究[J]．世界有色金属，2020(11)：187-188.

[51]李锴强．关于地质矿产勘探实施过程中的问题探讨[J]．科学与财富，2019(1)：163.

[52]李宁宁，刘文博．试析当前地质矿产勘查及找矿技术要点[J]．世界有色金属，2018(18)：78-79.

[53]李平．近山不可枉烧柴[N]．中国矿业报，2016-04-21(005).

[54]李倩．广西平果铝：采矿用地方式破茧[J]．中国土地，2012(6)：15-19.

[55]李秋元，郑敏，王永生．我国矿产资源开发对环境的影响[J]．中国矿业，2002(2)：48-52.

[56]李万亨．矿产经济与管理[M]．武汉：中国地质大学出版社，2000.

[57]李文超，王雪峰，薛亚洲．新形势下矿产资源综合利用监督管理研究[J]．中国矿业，2022，31(8)：16-19.

[58]李杏茹，胡欣，郑祎凡，等．基于标准化视角谈矿产资源节约与综合利用质量提升[J]．矿产保护与利用，2019，39(2)：166-169.

[59]李烨，曹梅．基于循环经济的磷化工企业可持续发展模式研究：以开磷集团为例[J]．煤炭经济研究，2011(1)：20-24.

［60］李瑛．浅析我国矿产资源管理现状与完善［J］．中国科技信息，2007（22）：22，24.

［61］李政，陈从喜，葛振华，等．我国矿业权市场统计现状与展望［J］．国土资源情报，2021（1）：43-49.

［62］梁征宇，王悦．我国深海矿产资源开发及权益维护研究［J］．广西质量监督导报，2020（5）：34-35.

［63］刘艾瑛．我国矿产资源家底得到进一步夯实［N］．中国矿业报，2015-04-18（A06）.

［64］刘畅，王娟，刘建华，等．湖北省伴生放射性矿开发利用的放射性水平调查与评价［J］．核安全，2021，20（5）：9-15.

［65］刘建芬．矿产资源勘查开发监督管理制度的思考［J］．发展研究，2014（11）：82-84.

［66］刘剑平．我国资源型城市转型与可持续发展研究［D］．长沙：中南大学，2007.

［67］刘立顺，余斌，吴春平，等．我国绿色矿山建设现状及案例分析［J］．有色金属工程，2020（9）：98-103.

［68］刘鹏，刘磊，田馨，等．我国铁尾矿工艺矿物学特性及其资源化技术研究进展［J］．矿产保护与利用，2022，42（3）：169-178.

［69］刘三才．浅谈矿产资源开发利用的监督管理与保护工作［J］．中国集体经济，2017（24）：27-28.

［70］刘涛，雷志才，杨箐．探讨甘肃省生态环境保护和矿产资源战略储备的关系［J］．世界有色金属，2019（24）：279-280.

［71］刘欣．矿产资源的基本属性和采矿权的法律特征探析［J］．法学杂志，2008（3）：158-160.

［72］刘欣.《矿产资源法》基本问题探析［EB/OL］．https：www.gmw.cn/xueshu/2019-12/09/content33386985.htm.

［73］柳晓娟，侯华丽，吴尚昆．基于文献计量学方法的我国绿色矿业研究格局探讨［J］．经济师，2021（2）：17-19，21.

［74］吕露，康学凯．矿产资源勘查开发监督管理系统的设计与实现［J］．矿山测量，2016，44（6）：97-100.

［75］吕晓澜，徐奇栋．加强乡镇国土资源所矿产资源勘查开采监督管理的思考［J］．浙江国土资源，2016（12）：33-34.

[76]罗怀熙．我国矿产资源法律制度的修改与完善[J]．中国发展观察，2021(13)：60-62，51.

[77]罗小利．我国铁矿资源勘查开发现状及对策建议[J]．现代矿业，2019，35(12)：28-32.

[78]罗紫，元曾坚．资源环境保护下天津市用地空间增长模拟[J]．地理研究，2022，41(2)：341-357.

[79]马朋林，刘伯恩．瑞典自然资源管理概述[J]．国土资源情报，2019(2)：14-20.

[80]明海英．加强矿产资源开发管理[N]．中国社会科学报，2019-05-10(005).

[81]牛安琪．合同效力认定中强制性规定的司法适用研究[D]．长春：吉林大学，2021.

[82]牛金辉．绿色矿业经济发展的前景与管理对策分析——评《矿业经济与管理》[J]．领导科学，2022(6)：154-155.

[83]潘泉发．矿产资源开发与生态环境保护探讨[J]．世界有色金属，2021(14)：174-175.

[84]彭忠益，高峰．我国矿产资源管理政策范式变迁研究[J]．北京行政学院学报，2021(2)：85-93.

[85]蒲含勇，张应红．论我国矿产资源的综合利用[J]．矿产综合利用，2001(4)：19-23.

[86]秦伟．矿产资源公司战略并购矿业权研究——基于山东黄金集团收购内蒙古某矿权案例分析[D]．济南：山东财经大学，2016.

[87]屈茂辉，陈灵峰．《矿产资源法》修正的宏观审视与微观设计[J]．财经理论与实践，2021，42(5)：148-154.

[88]渠婧，岳永强．矿产资源勘查工程的要点及合理布置研究[J]．中国金属通报，2021(4)：203-204.

[89]任巍，高帆，王殿茹．矿产资源紧缺与我国矿产资源战略体系的构建[J]．中国国土资源经济，2005(5)：14-16，46.

[90]任忠宝．矿业资本经营模式研究[D]．北京：中国地质大学，2015.

[91]邵思跃．自然资源部发布绿色矿山评价指标[J]．矿产保护与利用，2020(3)：105.

[92]沈镭，何贤杰，张新安，等．我国矿产资源安全战略研究[J]．矿

业研究与开发，2004（5）：6-12.

［93］宋建军.推动自然保护地内矿业权分类管理的思考［J］.中国国土资源经济，2021，34（6）：4-10.

［94］宋猛，李为，冯驰.我国矿产资源勘查实施方案审查制度现状及改革研究［J］.国土资源情报，2017，194（2）：52-56.

［95］宋猛，李文超，赵玉凤.矿业绿色发展的路径选择和参考——基于国际发展实践及差异分析［J］.中国国土资源经济，2020（4）：10-15.

［96］宋彦，彭科.城市总体规划促进低碳城市实现途径探讨——以美国纽约市为例［J］.规划师，2011，27（4）：94-99.

［97］苏轶娜，王海平.俄罗斯自然资源管理体制及其启示［J］.中国国土资源经济，2016（5）：54-58.

［98］孙春强，赵仕玲，闫卫东，等.2020年全球矿业政策与管理形势回顾［J］.矿产勘查，2022，13（Z1）：353-357.

［99］孙映祥，戴晓阳，吴尚昆，等.国家级绿色矿山试点单位成效分析与建议［J］.中国矿业，2020（9）：72-75，109.

［100］孙志勇，林栋，张芹.中国铁尾矿资源的综合利用途径［J］.自然资源情报，2023（8）：1-5.

［101］谭钦月.四川民族地区矿产资源开发中农牧民利益补偿问题研究［D］.成都：中共四川省委党校，2019.

［102］唐金荣，周平，吴荣庆."三资"视角下我国矿产资源管理的发展与演化［J］.中国矿业，2014（11）：52-57.

［103］滕跃.新时代我国矿产资源开发与生态环境保护的矛盾处理［J］.中国资源综合利用，2021，39（3）：160-162.

［104］田可，赵印斯，张路.环境规制对绿色矿业高质量发展影响及对策研究［J］.节能，2021（6）：45-46.

［105］汪云甲.论我国矿产资源安全问题［J］.科技导报，2003（2）：58-61.

［106］王安建，王高尚，邓祥征，等.新时代中国战略性关键矿产资源安全与管理［J］.中国科学基金，2019，33（2）：133-140.

［107］王登红，王瑞江，孙艳，等.我国三稀（稀有稀土稀散）矿产资源调查研究成果综述［J］.地球学报，2016，37（5）：569-580.

［108］王红.中国矿产资源绿色效率及影响因素分析［J］.重庆理工大学学报（社会科学版），2021，35（12）：93-104.

[109]王金鹏，王春娟，刘大海．国际海底区域矿产资源开发环境管理规则制定与应对[J]．海洋环境科学，2022(41)：610-618.

[110]王世虎，袁国华，胡德斌，段克，贾立斌．推进国家矿产资源督察工作的若干思考[J]．中国国土资源经济，2023，36(2)：39-46.

[111]王硕，田祎，叶旌，等．国内外尾矿管理制度比较研究和展望[J]．中国环境监测，2020(6)：29-35.

[112]王甜．我国矿产资源开发过程中的环境政策工具研究[D]．徐州：中国矿业大学，2018.

[113]王晓青，濮励杰．国内外自然资源分类体系研究综述[J]．资源科学，2021，43(11)：2203-2214.

[114]王永生．系统推进矿产资源节约与综合利用长效机制构建[J]．中国矿业报，2015(10)：3-18.

[115]王忠，周昱岑．资源产权、政府竞争与矿业权规制策略[J]．中国行政管理，2015(10)：129-134.

[116]吴初国，马永欢，汤文豪，等．能源和矿产资源管理的转折[J]．国土资源情报，2021(5)：20-26.

[117]吴文盛，王琳，宋泽峰，等．新时期我国矿产资源开发与生态环境保护矛盾的探讨[J]．中国矿业，2020，29(3)：6-10.

[118]吴晓华，郑厚发，李岩彬．煤炭企业绿色矿山建设标准体系研究[J]．中国煤炭，2022(6)：50-55.

[119]吴跃．绕地球200圈的超700亿吨废石堆存量何去何从？[N]．中国建材报，2022-02-21(010).

[120]夏云娇．基于生态文明的矿产资源开发政府管理研究[D]．武汉：华中师范大学，2013.

[121]肖艳玲，于馨皓，崔明欣，等．借鉴国外经验调整我国矿产资源开发水土保持补偿制度[J]．资源开发与市场，2020，36(1)：29-32.

[122]杨锋林．四川省矿产资源监督管理对策研究[J]．资源与人居环境，2020(6)：21-23.

[123]杨建民，刘磊，吕海宁，等．我国深海矿产资源开发装备研发现状与展望[J]．中国工程科学，2020(6)：1-9.

[124]杨杰，陈丽萍，张迎新．加拿大自然资源管理机构及职能[J]．国土资源情报，2018(4)：9-15.

[125]杨蕾．我国矿产资源开发生态经济补偿制度研究[J]．北方经贸，2018(6)：69-70.

[126]杨铮．矿资产评估在矿业资本市场中的应用问题研究[D]．北京：中国地质大学，2016.

[127]姚华军，付英，贺冰清，等．矿产资源管理研究[M]．北京：地质出版社，2015.

[128]叶文显，曾绍龙．关中平原城市群资源环境承载力研究[J]．环境监测管理与技术，2022，34(3)：15-20.

[129]殷年．地理国情监测数据在资源环境承载能力评价中的应用[J]．数字技术与应用，2021，39(5)：43-45.

[130]曾凌云，王联军，罗小利，等．矿产资源勘查开采监管现状、问题分析与建议[J]．中国矿业，2021，30(S1)：33-36.

[131]曾鹏，徐优夫．我国矿产资源开发中水环境保护的现状及完善——以湖北宜昌磷矿开发与水环境保护为例[J]．三峡大学学报(人文社会科学版)，2017，39(4)：74-77.

[132]张福良，崔笛，靳松，等．典型国家矿业权管理经验对我国矿政管理的启示[J]．中国矿业，2015，24(3)：21-27.

[133]张雷．我国可持续发展的矿产资源基础[J]．自然资源学报，1998(2)：37-42.

[134]张琳琳，韩彦龙，文皓亮，等．基于绿色矿山开采的地质环境问题及防治措施[J]．中国金属通报，2021(1)：179-180.

[135]张凌寒．《民法典》对矿业权制度的系统性治理[J]．中国矿业，2021，30(3)：14-17.

[136]张鹭鹭．浅谈我国有色金属矿产资源开发循环经济的发展方向[J]．世界有色金属，2020(2)：236-237.

[137]张文驹．我国矿产资源财产权利制度的演化和发展方向[J]．资源·产业，2000(2)：5-12.

[138]张哲聪，李晓玉，杨鸿泽．自然保护区矿业权退出机制研究[J]．资源开发与市场，2021，37(2)：189-193.

[139]漳州市人民政府办公室．漳州市人民政府办公室关于加强矿产资源开发管理的实施意见[J]．漳州市人民政府公报，2020(7)：28-30.

[140]赵德生．矿产资源勘查工程工作要点及合理布置措施探析[J]．

科技创新与应用，2022，12(2)：121-123.

[141]赵峰．构建绿色矿山的煤矿环保工作思考分析[J]．内蒙古煤炭经济，2021(6)：213-214.

[142]赵军伟．国土资源部开展全国重要矿产资源"三率"调查与评价工作[J]．矿产保护与利用，2012(4)：17.

[143]赵腊平．矿业文化因中国实践而精彩纷呈[N]．中国矿业报，2021-09-30(001).

[144]赵明学，卢敏．对矿产资源勘查开发监督管理制度的几点思考[J]．工程建设与设计，2018(4)：232-233.

[145]赵振军．土地管理和矿产资源开发及保护探究[J]．住宅与房地产，2019(34)：234.

[146]郑成湘．A县矿产资源开发管理中存在的问题与对策研究[D]．福州：福建师范大学，2020.

[147]中国国土资源经济研究院．综合利用效益明显　节约集约前景广阔——我国矿产资源节约与综合利用现状分析[EB/OL]．https：//www.mnr.gov.cn/gt/zb/2014/45thdqr/beidingziliao/201404/t20140418_2128790.html，2014-04-18.

[148]《中国矿产资源报告(2020)》发布[J]．地质装备，2020，21(6)：3-5.

[149]中华人民共和国国土资源部．中国国土资源统计年鉴2009[M]．北京：地质出版社，2009.

[150]中华人民共和国国土资源部．中国国土资源统计年鉴2015[M]．北京：地质出版社，2015.

[151]中华人民共和国国土资源部．中国国土资源统计年鉴2014[M]．北京：地质出版社，2015.

[152]中华人民共和国国土资源部．中国国土资源统计年鉴2012[M]．北京：地质出版社，2012.

[153]中华人民共和国国土资源部．中国国土资源统计年鉴2011[M]．北京：地质出版社，2011.

[154]中华人民共和国国土资源部．中国国土资源统计年鉴2010[M]．北京：地质出版社，2011.

[155]中华人民共和国国土资源部．中国国土资源统计年鉴2013[M]．

北京：地质出版社，2013.

［156］中华人民共和国国土资源部．中国国土资源统计年鉴 2016［M］．北京：地质出版社，2017.

［157］中华人民共和国国土资源部．中国国土资源统计年鉴 2017［M］．北京：地质出版社，2018.

［158］中华人民共和国国土资源部．中国矿产资源报告 2016［M］．北京：地质出版社，2016.

［159］中华人民共和国国土资源部．中国矿产资源报告 2017［M］．北京：地质出版社，2017.

［160］中华人民共和国国土资源部．中国矿产资源报告 2015［M］．北京：地质出版社，2015.

［161］中华人民共和国国土资源部．中国矿产资源报告 2014［M］．北京：地质出版社，2014.

［162］中华人民共和国自然资源部．中国国土资源统计年鉴 2018［M］．北京：地质出版社，2019.

［163］中华人民共和国自然资源部．中国矿产资源报告 2019［M］．北京：地质出版社，2019.

［164］中华人民共和国自然资源部．中国矿产资源报告 2020［M］．北京：地质出版社，2020.

［165］中华人民共和国自然资源部．中国矿产资源报告 2018［M］．北京：地质出版社，2018.

［166］钟骁勇，潘弘韬，李彦华．我国自然资源资产产权制度改革的思考［J］．中国矿业，2020，29（4）：11-15，44.

［167］朱佳璇．国家环境治理与资源环境审计：环境政策工具的沿革与演化［J］．海峡科技与产业，2022，35（9）：10-13.

［168］朱清，王联军，强海洋．试论绿色矿山建设的企业行为逻辑［J］．中国国土资源经济，2019（4）：20-25.

［169］朱晓．我国矿产资源开发中的利益相关者研究［J］．商业经济，2017（9）：99-101.

［170］祝彦婷．浅谈我国有色金属矿产资源开发循环经济的发展方向［J］．市场研究，2020（1）：30-31.